| 온라인 소상공인의 상생 플렉스 |

빅테크 시대의 온라인 플랫폼
젠트리피케이션

초판 1쇄 인쇄 2022년 2월 14일
초판 1쇄 발행 2022년 2월 17일

지은이 이진혁 · 정해진

발행인 이헌숙
디자인 (주)휴먼컬처아리랑 디자인팀
편집 (주)휴먼컬처아리랑 편집팀
교정·교열 김건아

주소 경기도 양평군 옥천면 용천로 37
문의 • **TEL** 070-8866-2220 • **FAX** 02) 784-4111
이메일 thethinkbook@naver.com
홈페이지 www.휴먼컬처아리랑.kr

발행처 생각쉼표 & (주)휴먼컬처아리랑
출판 등록 제 2009-000008호
등록 일자 2009년 12월 29일
등록 번호 132-81-87282

ISBN 979-11-6537-173-9 (93300)

빅테크 시대의 온라인 플랫폼 젠트리피케이션

ONLINE PLATFORM GENTRIFICATION
IN THE ERA OF BIG TECH

(주)휴먼컬처아리랑

CONTENTS

03

04

| 머리말 |

코로나19로 인해 플랫폼의 역할이 의식주(衣食住)에 버금갈 만큼 커졌다. 반면 소상공인들의 가계경제는 팬데믹(pandemic)으로 심각한 상황에 놓여 있다. 정부의 사회적 거리두기 지침으로 인해 수혜를 받은 플랫폼 기업과 피해를 본 소상공인들이 극명하게 갈린다. 이러한 상황에서 플랫폼 산업의 사회적, 경제적 순기능을 통한 산업별 공정경쟁을 추구하고 소상공인들의 디지털트랜스포메이션과 데이터 기반의 상생 협력에 기여하고자 이 책을 기획하게 되었다.

우리의 핵심가치는 빅테크의 진흥과 소상공인의 상생이며, 사회적 연대를 통한 미래비전을 함께 그릴 수 있도록 돕는 일이다. 지난 10여 년간 각자의 영역에서 플랫폼기업과 소상공인들의 상생 협력을 위해 노력해왔다. 우연히 박사 연구모임에서 만나 동시대 양대 포털에 몸담았던 경험을 바탕으로, 오랜 기간 한국 플랫폼의 진흥과 규제에 대해 논의했다. 공통된 의견은 팬데믹 상황에서 사회적 양극화 현상이 심화되고 있으며, 소상공인들은 오프라인보다 온라인 플랫폼에 더 의존하게 된다는 것이었다. 흥미로운 점은 지난 10여 년간 학계에서 포털에 대한 연구가 많았지만, 포털의 사업 확장 개념의 플랫폼을 연구한 사례는 극히 드물다는 것이다.

우선 플랫폼의 정의부터 만드는 게 시급했다. 본문 시작부터 '빅테크 시티의 젠트리피케이션'이라는 용어를 제시한 이유도 오프라인 세상에서 다양하게 나타나는 사회적 문제가 고스란히 온라인 세상에서 나타나고 있다는 것을 설명하기 위해서였다. 그 하나의 유형으로 '온라인 플랫폼 젠트리피케이션' 현상이 나타나고 있음을 주목했고 이를 처음 개념화했다. 그리고 플랫폼은 우리 사회를 온라인 세상에 그대로 옮겨놓는, 새로운 지평(new horizon)이라고 설명해 나갔다.

구체적으로 1장은 전통적 젠트리피케이션 현상과 코로나19로 심각한 경제난에 빠진 소상공인들의 현실을 돌아봤다. 또 오프라인 세상의 다양한 사회적 문제가 온라인 플랫폼에서 고스란히 나타나고 있는 불편한 진실을 알렸다.

2장은 플랫폼과 소상공인에 대해 분석한 자료를 제시하면서, 플랫폼 기업들이 혁신을 가장한 채 소상공인 영역을 침범하는 사업방식을 비판했다. 또한 온라인 플랫폼 산업과 젠트리피케이션의 연관성을 제시하고, 소상공인 지역 상권과 온라인 플랫폼 내 지역 상권과의 디지털 트윈 현상을 써나갔다. 각 장의 말미에는 우리가 생각하는 소상공인과 빅테크의 상생 협력 전략을 제시했다.

3장에서는 네이버와 소상공인들 간의 밀접한 서비스인 서치플랫폼, 커머스(쇼핑 광고, 스마트스토어), 핀테크와 최근 인기를 누리고 있는 콘텐츠서비스 웹툰과 메타버스 제페토의 전략과 문제 제기를 하였고, 클라우드 서비스의 정부 정책에 대한 문제와 전략으로 마무리했다.

마지막으로 4장에서는 ICT 거버넌스 전략과 포스트 코로나 시대의 한국 플랫폼 진흥을 위한 산업구조 개편의 전반적인 전략을 담았다. 이러한 우리의 생각들은 포털이 태생한 이후 현재진행형으로 끝없이 논란이 되고 있는 플랫폼 산업의 문제를 올바르게 판단하기 위함이었다.

포털의 사회적 책임, 독과점 논란, 소상공인 상생, 언론, 그리고 핀테크 등의 광의적인 플랫폼 산업을 어떻게 진흥하고 규제하는 것이 맞는지에 대한 초석을 쌓기 위함이기도 하다. 또 최근까지 강렬했던 플랫폼 기업과 정부, 소상공인 간의 상생 문제에 있어서 놓친 부분을 제기함으로써 우리 사회에 경종을 울리기 위한 작업의 시작이다.

일례로 최근 카카오, 네이버, 쿠팡 등 플랫폼 기업들이 국민들의 질타를 받았다. 플랫폼이 누구의 소유가 될 수 없음을 여실히 보여준 사건들이다. 이처럼 플랫폼은 우리 사회의 다양한 문제를 해결하는 상생과 공정의 도구로 여겨지고 있다. 그런 차원에서 소상공인들이 플랫폼 서비스를 자유롭게 활용할 수 있도록 하는 디지털트랜스포메이션(digital transformation)이 절실하다. 플랫폼은 오프라인 세상에서 발생하는 다양한 문제를 온라인 개척을 통해 해결할 수 있는 긍정적인 면을 가지고 있다. 다만, 플랫폼 서비스의 불확실한 성공 요인은 소상공인들의 삶을 더욱 녹록지 않게 만들기도 한다. 창업과 폐업을 하는 소상공인들이 오프라인 세상에도 많이 존재하지만, 온라인 상위 노출 영역에서 밀려 데스밸리(Death Valley)에 빠지는 경우도 허다하다. 우리는 이 같은 플랫폼의 순기능과 역기능에 대해 연구하고 있다. 본디 플랫폼의 순기능은 플랫폼과 약자가 윈윈(Win-Win)하고, 누구나 노력한다면 성공할 수 있는 길이 있으며, 기존 산업의 폐해를 해결하는, 보다 낮은 진입장벽으로 사회적 약자도 성공할 수 있는 곳이라고 생각한다. 하지만 현재 국내 플랫폼 기업들의 문어발식 사업 확장 방식은 플랫폼의 역기능 시대라는 비판을 제기하게 만든다.

우리가 제기하는 플랫폼 역기능의 하나로는 기존 오프라인 세상에서의 대형 유통망과 목 좋은 대로변 사거리를 대기업이 잠식한 것처럼 플랫폼 상에도 소상공인들이 진입하기에는 버거운 상위노출 영역들이 존재한다는 것이다.

우리는 이를 '온라인 플랫폼 젠트리피케이션 현상'이라고 생각하고 책에서 구체적인 논거를 제시했다. 이로써 오프라인 세상에서 발생하는 다양한 폐해의 문제가 온라인에서도 고스란히 나타나는 불편한 진실을 사회에 알리고 싶었다. 온라인 플랫폼 젠트리피케이션 현상은 플랫폼 전 산업의 영역에서 발생하고 있다. 물론, 소상공인들에게 플랫폼의 등장은 오프라인 시장의 한계인 임대료와 초기사업 구축비 등을 파격적으로 줄일 수 있는 솔루션이 되고 있다. 하지만, 팬데믹 상황에서 플랫폼에 더 의지할 수밖에 없는 소상공인들의 불만은 점점 커지고 있다. 이는 온라인 생태계에서 절대적 역할을 하는 플랫폼(포털)을 무시하고 사업을 영위한다는 것 자체가 모순이고 이를 벗어날 수 없는 플랫폼의 고착화(lock-in) 현상에서 비롯된다. 실제로 초기 포털의 진입장벽은 비교적 낮았던 것에 반해 현재는 노출순위에 따른 과도한 수수료, 과잉적 온라인 사업자들의 출현, 한정된 노출 영역에 따른 독과점 등 포털의 역기능에 빠진 시대라고 해도 과언이 아니다.

소상공인들은 오프라인 시장과는 또 다른 온라인 플랫폼이라는 무한 경쟁지대에 놓인 것이다. 이러한 상황에서 국내 플랫폼 기업들이 한정된 국내시장에서 수익을 계속 찾는 것은 한계에 봉착할 것이다. 기업은 진흥해야 살 수 있는 거대한 생물과도 같다.

이에 국내시장을 벗어나 세계로 눈을 돌려야 한다. 다행히 우리의 콘텐츠와 문화가 세계의 주목을 받고 있다. 오징어 게임, 지옥 등의 영상 콘텐츠가 세계적으로 큰 유행을 하고 있다. 그런데 대부분 수익은 넷플릭스가 가져가는 수익 불균형의 문제가 발생하고 있다. 넷플릭스가 하는 방식처럼 우리의 콘텐츠를 우리가 직접 생산 유통해야 한다. 국내 플랫폼 기업들과 기간통신사가 함께 망 구축을 하고, 콘텐츠 서비스를 융합한 형태로 세계화에 역점을 둬야 한다. 이는 결국 페이스북, 넷플릭스, 구글처럼 자국의 강력한 망 구축이 뒷받침이 돼야 가능한 일이다. 또한, 우리는 플랫폼 기업들이 혁신적 기술의 개발보다는 소상공인들의 영역을 침범하면서 사업을 확장하는 행태를 비판하기도 했다. 이는 제한된 국내 시장에서 플랫폼 기업들이 소상공인들의 영역을 계속 침범한다면 정치적 문제에서 자유롭지 못할 것을 알기 때문이다.

이 책을 통해 조금이나마 소상공인들과의 상생이 결국 플랫폼의 진흥이라는 인식이 뿌리내리길 고대한다. 한편, 정부의 과도한 시장 개입과 정치권의 잦은 플랫폼 카르텔 때리기에는 분명 문제가 있다. 이는 국내 플랫폼 시장의 고착화(lock-in)를 푸는 기회만 해외 사업자들에게 제공할 수 있기 때문이다. 이에 정부의 규제와 플랫폼에 대한 잘못된 인식들이 쌓이면 국내 플랫폼 산업의 진흥을 저해할 수 있다는 점을 알리고 싶었다. 이제는 플랫폼 기업에 대한 올바른 인식이 필요하다.

플랫폼에 대한 규제와 진흥에 있어서 부정적인 면과 긍정적인 면을 함께 고려해야 한다. 다만, 플랫폼 기업을 일반 기업들보다 강하게 지적할 수밖에 없는 이유는 분명 있다. 국민들의 가장 밀접한 소통 창구이자 신문의 역할을 하고 있기 때문이다.

국내 플랫폼은 언론, 커머스, 콘텐츠, 클라우드, 핀테크 서비스 등 모든 분야의 서비스에 진출하고 있다. 하지만, 이제는 플랫폼의 진흥을 위해 선택과 집중을 할 때이다. 언론의 역할을 일부 내려놓고 플랫폼의 세계화를 위해 뛰어야 한다. 역으로 정치권이나 정부에 기술혁신을 위한 정책을 제안해야 한다. 정부가 플랫폼 산업을 올바르게 봐야 문제가 명확하게 드러나고 그 문제의식을 기반으로 개선을 할 수 있다. 이렇게 우리는 플랫폼의 공정에 앞서 진흥이 필요하다는 인식이 생겨나길 바라고 있다.

자국의 플랫폼 기업들을 진흥해야 한다고 하면 누구도 막지 않을 것이다. 그러나 서로의 정보 비대칭 문제로 인해 한쪽에선 뉴스 영역을 지적하고, 한쪽에선 소상공인 영역, 한쪽에선 금산분리 등 너무나 많은 문제가 산적해 있다. 이를 통합 관리할 수 있는 심도 있는 방안도 책에서 제시하였다.

아쉬웠던 점은 이 한 권의 책으로 플랫폼의 문제를 모두 거론하기에는 한계가 있었다. 우리는 못 다룬 사안들을 다음 책에 기약하기로 했다. 또 영리사업자인 플랫폼 기업에 대한 정보 접근권의 한계와 정부를 상대로 한 전략제시에 자유롭지 못했던 것이 사실이다. 향후 이 책을 통해 빅테크의 진흥과 규제에 대한 지향점이 조금이나마 사회에 알려지고, 소상공인들에게는 마케팅 전략서이자, 연구자들에게는 연구의 소재로 논의가 된다면, 1차적인 우리의 목적을 달성한 것이다. 그리고 본문 전략에도 담겨 있듯이, 과거 2차 3차 제조업에 우리 정부는 올인(all in)했다. 그렇게 지금의 대한민국이 탄생한 것이다. 이제는 세계로 대한민국의 콘텐츠를 확장할 수 있는 디지털 플랫폼 산업을 통해, 국가 성장 모멘텀이 전환되길 기대하면서 이 책을 내놓는다.

책이 나오는 과정에서 많은 도움을 주신 분들이 계셨다. 진심으로 감사드리며 제 진심이 전해지길 바랍니다. 책의 특성상 존함 없이 이렇게라도 감사의 마음을 전합니다.

– 지은이를 대표해 이진혁 올림 –

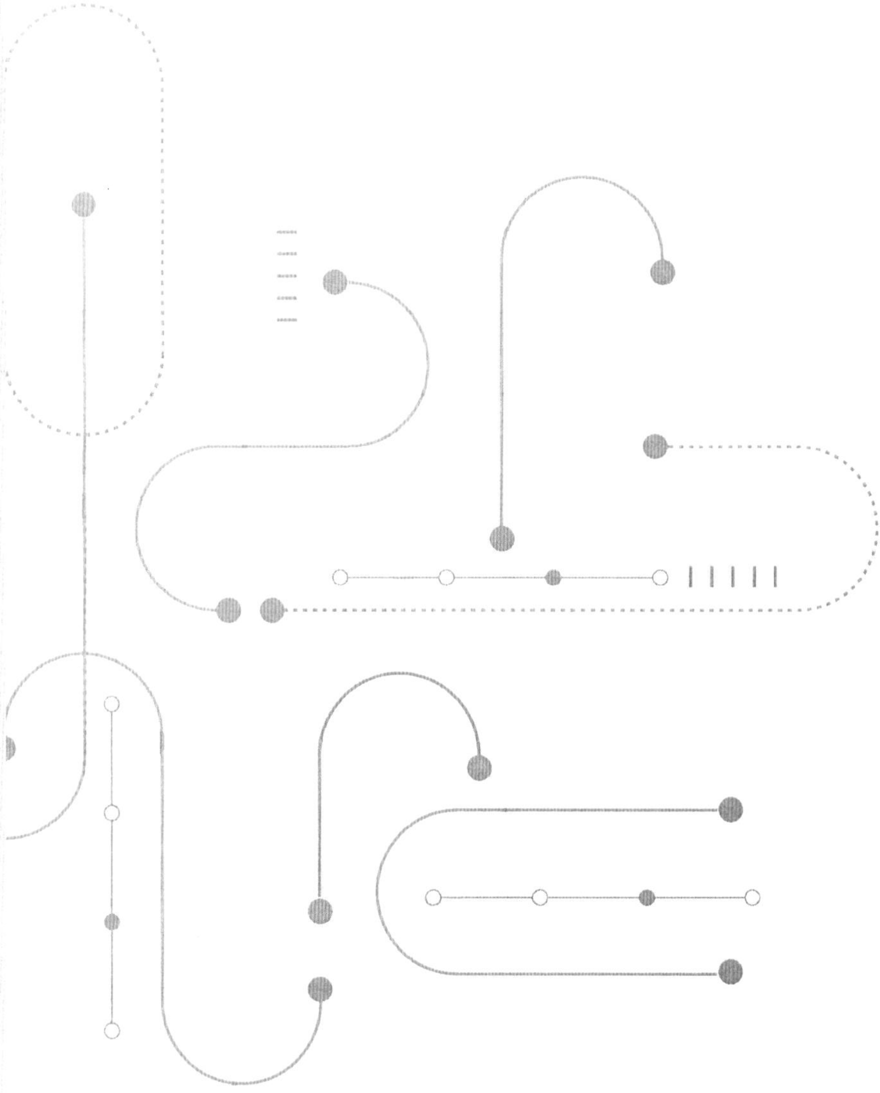

01

1. 빅테크 시티(City)의 온라인 플랫폼 젠트리피케이션 (gentrification)

ONLINE PLATFORM GENTRIFICATION
IN THE ERA OF BIG TECH

01
빅테크 시티(City)의 온라인 플랫폼 젠트리피케이션(gentrification)

1) 전통적 젠트리피케이션(gentrification)

1964년 영국의 자산가 계급(gentry)에서 기원한 젠트리피케이션(gentrification)은 도시 공간의 변화를 설명하는 개념으로서 영국의 사회학자 루스 글래스(Ruth Glass)가 개념화하였다. (이선영, 2016)

글래스(Glass)가 말하는 고전적 젠트리피케이션은 1950~60년대 영국 런던의 저소득층 집단 주거지역에 일정 수준 이상의 소득 및 자본을 갖고 있는 중간계급 또는 중 · 상류층이 유입되면서 시작된다. 이들은 자신들의 자본을 토대로 오래된 주택 등을 자신의 기호 및 취향에 맞게 주택 리모델링을 진행하고, 이주 및 지역에 정착하는 특징을 나타냈다. 이에 따라 해당 지역에서는 부동산 가격이 오르게 되고, 주택 임대료 등도 덩달아 인상된다. 기존에 거주하던 저소득층은 임대료를 감당할 수 없기 때문에 결국 새로운 주거지를 찾아 이주하게 된다. 즉, 저소득층 주거지역이 중·상류층의 유입으로 지역의 공간적 성격까지 변화시킨다. 이는 지역의 사회적, 경제적, 문화 성격을 재규정하게 한다. (정원호, 2016)

이러한 도시의 공간적 성격의 변화는 비자발적인 강제 이주의 성격을 띠기 때문에 '축출(displacement)'이라고 표현되기도 한다. 2016년 국립국어원에서는 젠트리피케이션을 '둥지 내몰림'이라고도 표현했으니 사실상 축출이라는 표현이 적절한 느낌마저 준다. (신현방, 2017)

이러한 젠트리피케이션의 원인은 크게 수요의 측면에서 사회문화적 접근, 공급의 측면에서의 경제적, 공공 정책적 접근으로 구분할 수 있다. (정원호, 2016)

사회 문화적 접근은 1970년대 이후 등장한 베이비붐 세대들의 소비패턴이 도심의 주거 공간을 둘러싸고 문화적 다양성과 개인의 취향 소비를 위한 공간으로 활용되면서, 젠트리피케이션이 등장했다고 보는 것이다. (정원호 2016; Lay, D., 1980)

경제적 접근의 측면에서는 계층의 도시 이동이 아닌, 자본의 도시화를 통한 미래 가치의 발굴을 위한다는 차원에서 젠트리피케이션이 유발되었다고 보는 것이다. 즉, 지역의 구도심은 투자를 통해 언제든 건물주와 개발업자, 부동산 중개업자들의 시세 차익을 만들어 줄 수 있다. 이들이 벌이는 일련의 활동과 상호작용으로 젠트리피케이션이 나타난다고 본다. (정원호 2016; Smith N. 1979)

공공 정책적 접근은 정부에 의한 공공부문의 재정 지원, 노후화된 지역의 재개발, 조세 기반의 확충을 위한 도심의 활력을 공급하는 차원에서의 도시개발 등이 젠트리피케이션을 유발한다는 입장이다. (정원호 2016; Hackworth J. & Smith N., 2001).

한국에서의 젠트리피케이션 연구는 주로 사회문화적 접근과 경제적 접근의 축을 중심으로 복합적인 현상으로 나타난다.[1] 특히 '문화'와 '미적' 요소 간 결합을 통한 예술적 공간으로서의 입지적 특성을 나타내는 사회문화적 접근과 상업화를 내세워 기존 상가 세입자의 비자발적 이주와 저항이라는 차원의 경제적 접근을 통한 젠트리피케이션이 주를 이뤄온 것으로 보인다.

특히 이태원, 삼청동길, 홍대, 경리단길, 가로수길, 북촌, 서촌 등으로 이어지는 젠트리피케이션 현상들이 연구되어 왔다는 점에서도 그렇

1) 재개발로 인한 강제 퇴거 조치가 시작된 1970년대부터 이 같은 접근 방식은 지속되어 왔다. 1983년 무허가 불량주택에 대한 개발수익 구조가 만들어지고, 뉴타운 광풍을 따라 기존 주민의 재정착에 관한 논의가 이어져 왔지만 원주민의 재정착률은 20% 이하다. 이는 부동산 수익 구조의 변화와도 맞물린다(미류, 2017). 이처럼 주택 재개발 사업 등은 공공 정책적 접근에 해당된다. 다만 이 책에서는 빅테크 시대의 소상공인 상권을 중심으로 논의를 이어나갈 것이므로 재개발 사업에 대한 논의는 크게 다루지 않을까 한다.

다. 즉, 물리적 환경 변화와 사용을 둘러싼 기존 사용자와 새로운 사용자 간 대립과 갈등의 공간으로서 나타난다고 볼 수 있다. (이선영, 2016)[2)]

2) 코로나19와 소상공인

코로나19(COVID-19)는 2020년 초 중국 우한 지역에서 발생했다고 알려져 있다. 코로나19 백신이 개발되지 않은 상태에서 강력한 전염력으로 전 세계를 위협했다. 한국의 대응은 사회적 거리두기의 실시, 모임 인원 제한 및 지리적 이동을 스스로 제한하는 형태로 코로나19를 대응하기 시작했다. 우선 기업은 재택근무를 실시하기 시작했고, 여행과 항공 산업은 사실상 마비되었다. 사람들의 이동은 급감했고, 코로나19 환자는 증가하기 시작했다. 이에 코로나19로 인한 전국의 오프라인 매장을 운영하는 소상공인 및 자영업자들은 매출의 극감이라는 직격탄을 맞게 되었다.

이는 통계 자료에 의해서도 증명되고 있다. 통계청이 2001년부

---

2) 아이러니하게도 한국에서 젠트리피케이션이 크게 사회 이슈화된 것은 건물주가 된 연예인들 때문이었다. 2010년부터 이태원에서 영업하던 미술관 겸 카페 '테이크아웃드로잉'은 가수 싸이(psy)가 건물주가 되면서 젠트리피케이션의 사례로서 언론의 집중적인 관심이 몰렸다. 또한 2012년에는 힙합계에서 한창 주가를 올리던 리쌍이 건물주로 등극하며 1층의 유명한 곱창집인 '우장창창'과의 마찰 역시 언론의 집중적 관심을 불러일으켰다.(달여리, 2017)

터 조사하고 있는 소상공인 체감경기지수(BSI)는 소상공인 및 전통시장의 사업자를 대상으로 조사 시점(격월) 대비, 현시점에서의 경기 및 매출상황, 자금 사정 등의 설문조사 결과를 종합해 나타내는 경기실사지수(Business Survey Index, 이하 BSI)이다. BSI 지수는 100이면 보합, 100초과 시 호전, 100미만인 경우는 경기의 악화를 나타낸다. (통계청, 2021a)

코로나19로 인한 피해가 본격적으로 나타나기 시작한 2020년과 2021년은 '소상공인' 체감 경기 BSI는 전년 대비 17.4포인트, 전망 경기 BSI는 22.9포인트 하락하였다. '전통시장'의 체감경기 BSI는 역시 전년 대비 21.6포인트, 전망 경기 BSI는 24.1포인트가 하락한 것으로 나타났다.(아래 〈표 1〉 참고) 이러한 체감 및 전망 경기 악화의 주요 원인은 코로나19의 장기화, 유동인구의 감소 및 날씨의 영향으로 파악되었다. (통계청, 2021b)

〈표 1〉. 최근 5년간 소상공인 체감경기지수(BSI)

단위: BSI지수

구분	지수유형	2017년	2018년	2019년	2020년	2021년**
소상공인	체감BSI	66.0	65.3	67.2	65.3	47.9
	전망BSI	88.8	90.4	87.4	93.6	70.7
전통시장	체감BSI	62.6	60.1	61.5	63.3	41.7
	전망BSI	88.9	90.9	87.6	93.2	69.1

* 출처 : 중소벤처기업부 (2021a).「소상공인 시장 경기 동향조사 결과」

** '21년 소상공인 및 전통시장의 체감 경기 BSI는 1월부터 7월, 전망 경기 BSI는 1월부터8월까지의 결과 값의 평균임

소상공인연합회(2020)가 2020년 소상공인 1,018명을 대상으로 실시한 실태조사에 따르면, 코로나19로 인해 소상공인의 71%는 2019년보다 매출이 줄었다. 2020년 매출은 평균 37% 감소했으며, 업종별 매출 감소 비율은 전체 37.4%, 도소매업 35.3%, 숙박 음식점업은 39.5%, 교육 서비스업 40.4% 여가 서비스업 43.9% 등으로 나타났다. 그럼에도 상시 근로자 수에 대한 변화가 없다는 응답이 87.3%에 달했다. 다만 숙박 서비스업과 여가 서비스업에서는 상시근로자 수가 약 22%, 15%가량 감소한 것으로 나타났다. 이러한 매출 감소 등으로 인한 경제적 부담은 임대료, 인건비, 세금, 대출이자, 공과금, 4대 보험료 등의 순으로 조사되었다. (소상공인연합회, 2020)

이러한 경제적 어려움을 극복하고자 소상공인들은 온라인 플랫폼에 더 의지할 수밖에 없는 상황이 됐다. 강력한 사회적 거리두기와 이동의 제한 등으로 거리는 한산했으며, 오후 6시 이후에 매장 내 취식 행위 및 모임 인원 등의 제한까지 겹쳤다. 이러한 위기를 극복하기 위해 소상공인들이 선택한 대안이 디지털 트렌스포메이션이었다. 이는 소상공인들의 생존과 직결된 강력한 사회적 기제로서 작동했다. 소상공인들은 자발적 선택과 협력으로 이러한 대안을 선택할 수 밖에 없었다. 사실 그 이전부터 온라인 플랫폼을 통한 사업의 영위는 지속해서 이뤄지고 있었지만, 코로나19 시대에는 이를 더 거부할 수 없었던 상황이 도래한 것이다. 온라인 플랫폼을 통한 소상공인들의 영업은 주로 오픈 마켓, 배달앱, 숙박앱, 부동산앱 등에서 지속하여 왔다. 다만 업종별로 온라인 플랫폼을 통해 사업화가 가능한 분야가 있고, 그렇지 못한 분야가 있다.

리서치랩(2021)이 실시한 온라인 플랫폼 사용 기업 실태조사에 따르면, 오픈 마켓, 배달앱, 숙박앱 및 부동산앱 등의 온라인 플랫폼을 이용해 사업을 영위하는 기업(중 · 소기업 또는 소상공인 · 자영업자)들의 평균 사용 연수는 3.8년이며, 오픈 마켓은 평균 5.1년, 숙박업은 3.1년, 부동산업은 3.3년 배달 앱은 1.6년이었다. 온라인 플랫폼을 사용하게 된 가장 큰 이유는 온라인 플랫폼을 이용하지 않으면 지속적 영업이 어려웠기 때문이었다.(48.2%) 특히 배달 앱, 숙박 앱, 부동산 앱 등에서 이러한 응답 비율이 높게 나타났다. 오픈 마켓의 경우, 온라인을 통한 사업 범위 확장(44.4%)과 온라인 플랫폼을 통한 창업(34.8%)에 도움이 되기 때문이었다. 온라인 플랫폼에 입점한 업체들의 연 매출은 배달앱은 연 매출이 1~3억 원 미만(19.5%), 부동산 앱은 1억 원 미만(33.7%)이라는 응답률이 높게 나타났다. 다만 온라인 플랫폼을 이용한 후 매출액이 증가했다는 응답이 41%이며, 이 중 매출이 50% 이상 상승한 경험이 있었다. 반면에 변화가 없었거나 감소했다는 응답은 59%였다. (리서치랩, 2021) 이렇듯 온라인 플랫폼이 소상공인들에게는 사업의 어려움을 이겨낼 반등의 기회가 될 수 있다. 그러나 매출의 변화가 없거나 감소한 경우가 반등했다는 업체보다 많다는 점은 되짚어 봐야 할 것이다.

또한 소상공인 사업체는 경쟁의 격화와 창업과 퇴출이 지속해서 이뤄지는 추세로서, 고용 창출이나 고용 흡수에 대한 여력이 많이 부족하다는 점에서 소상공인의 경쟁력 확보를 위한 정부의 다양한 정책이 지속적으로 추진될 필요가 있다. (통계청, 2021b)

특히, 온라인 플랫폼을 더 이상 이용하지 않으면 지속적인 영업이 어렵기 때문에 온라인 플랫폼을 사용하게 된다는 소상공인들의 의견을 심도 깊게 고민해봐야 한다. 또한 소상공인에 대한 정책 지원 및 관련 산업에 대한 정부 예산의 반영 및 지속적인 모니터링을 추진할 필요가 있다.

한편 코로나19의 확산에 따른 영향에도 불구하고, 비대면 사회로의 빠른 전환은 각 산업의 디지털 트랜스포메이션(digital transformation)을 촉발시켰다. 비대면 화상회의를 위한 플랫폼들이 전 세계적으로 급성장하였고, 국내는 이동의 제한으로 각 가정마다 집에 머무는 시간이 늘어나면서 온라인 쇼핑, 음식 배달 및 미디어 시청 시간[3]의 폭발적 증가로 이어졌고, 이는 모빌리티, 푸드 및 미디어 산업이 빠르게 성장하며 관련 시장 점유율을 확산시키는 데 기여했다고 볼 수 있다. 이 때문에 네이버, 카카오, 라인, 쿠팡, 배달의 민족 등 기존 및 신규 빅테크 기업

3) 과학기술정보통신부(2021)에 따르면, 2020년 인터넷 동영상 서비스(OTT)의 이용률은 2019년 52.0%에서 2020년 66.3%로 전년 대비 14.3% 늘어난 것으로 나타났다. 코로나19로 인해 집에 머무는 시간이 증가하면서 개인의 미디어 소비 시간 증가에 영향을 준 것으로 볼 수 있다.

들을 중심으로 온라인 플랫폼 산업의 폭발적인 성장도 이뤄졌다. 그리고 디지털 트랜스포메이션을 필두로 소상공인들의 시장, 즉 골목상권을 잠식해나가는 형태로 빅테크 기업들은 영토 확장을 지속해 나갔다. 더 많은 로컬 산업에 빅테크 기업들의 진출이 있었다. 특히 이들 빅테크 기업들은 O2O(오프라인 to 온라인 또는 그 반대) 기반의 사업화 모델이 비대면 사회의 플랫폼으로 등극하게 되었다. 이 때문에 코로나19로 전 세계적인 경기 침체에도 불구하고, 빅테크 기업들은 오히려 역성장을 기록하는 진풍경이 벌어졌다.

3) 온라인 플랫폼 : 혁신적 도시공간의 불편한 재현

온라인 플랫폼 산업의 확실한 성공 방정식은 없겠지만, 그간의 성공 모델들을 토대로 유추해 본다면 다음과 같다. 우선 막대한 비용을 지속적으로 투자할 수 있는 팬덤형 투자자들의 확보, 이용자 확산을 위한 막대한 저가(low-price) 공세, 강력한 고착화(lock-in)를 기대할 수 있는 사업 다각화, 자체 지불수단(pay 등)과 포인트 등 보상(reward) 제도의 도입, 시장 점유율의 지속적 확대, 규모의 경제에 도달, 이익 실현을 위한 유료화 전략 또는 증권시장 상장을 통한 기업공개(IPO)라고 할 수 있다. 즉, 온라인 플랫폼 산업의 귀결점은 사업 다각화를 통한 수익모델의 다변화를 기반으로 국내 또는 국외에서 IPO(기업공개)를 함으로써, 유니콘 기업을 넘어 장·단기적 독과점적 기업의 지위를 확고하게 선점하는 데 있다.

최근에는 빅테크 기업 종속기업(계열사)들이 독자적 기업공개를 실현하기 위해서 사업 다각화를 꾸준히 하는 등 전력투구를 하고 있는 양상이다. 반면 시장 경제의 급 변화에 대응하는 데 어려움을 겪는 중소기업들 또는 소상공인들의 지위는 특정 플랫폼의 대리점화, 하청 업체와 같은 상황으로 변해나가는 상황이다. 이는 한국 사회가 대기업 혹은 재벌 중심적 경제사회로 고도성장하면서 나타났던 고질적인 병폐가 4차 산업혁명, 혁신 성장의 시대에도 고스란히 재현될 수 있다는 점에서 전 사회적인 관심이 필요하다. 이는 마치 스타트업들이 빅테크 기업에 인수합병되어, 창업자들은 거대한 부를 거머쥐고 자신의 역할로부터 탈출하는(exit) 것과 같다고 볼 수 있겠다. 물론 이러한 전략이 반드시 문제의 소지가 있다는 것은 아니다. 다만 사업화 과정에서 불거질 수 있는 사회경제적 협력과 공익의 관점에서 발생하는 문제나 빅테크 기업들이 보여주고 있는 혁신이라는 차원에서 문제들의 해결 대안 또는 상생의 방안을 충분히 검토하고 고려해야 할 필요가 있다는 의미다.

02

ONLINE PLATFORM GENTRIFICATION
IN THE ERA OF BIG TECH

01
카카오(Kakao)

온라인 플랫폼 산업에 대한 빅테크 기업의 시장 진출이 봇물 쏟아지듯이 이어지고 있다. 카카오는 2021년 3월 기준으로 114개의 계열사를 갖고 있는 거대한 회사가 되었다. (카카오, 2021a) 이 계열사들은 온라인 플랫폼 산업을 위한 각 산업별 디지털 트랜스포메이션을 위한 전진기지의 성격을 갖는다. 그러나, 골목상권을 잠식하며 특정 업종별 독점화 경향이 나타나게 되면서 골목상권 각 분야에서 마찰을 빚고 있다. 특히 카카오는 자사와 계열사 간 서비스 런칭이 경쟁처럼 골목상권과 관련된 사업 분야에 진출함으로써 각 사업자별 운영하는 서비스들에도 차이가 있다. 이는 네이버와는 다른 전략일 수 있으나, 이번 장에서는 카카오를 중심으로 카카오와 그 계열사 중 소상공인 영역에서 시장을 선도 또는 선점하고 있는 분야를 다뤄보기로 한다.

1) 기술 혁신을 통한 도장깨기

(1) 카카오

카카오는 '카카오톡 주문하기' 서비스를 운영 중이다, 이것은 카카오판 배달앱이다. 4천만 명이 이용하는 카카오톡(kakaotalk) 내에 다양한 음식을 주문할 수 있는 중개 플랫폼으로서, 카카오가 내세우는 가장 큰 특징은 타 배달앱 대비 최저 수수료라는 점이다. 또한 카카오톡 채널 서비스와 연동하여 서비스를 사업주가 진행할 수 있으며, 배달의민족(배민)의 배민 1과 같이, '깃발 꽂기' 등을 통해 매장의 위치에 상관없이 주문을 받는 것이 아니라, 고객의 위치와 제일 가까운 매장 순으로 노출되도록 한 점이 차이가 있다. 즉, 상단 노출 광고비(배민 깃발 개수 당 월 8.8만 원)가 없다. 그리고 공식 영업대행사 4곳을 선정해 운영한다. 주요 업체는 CNTT(배달 포스), barogo(바로고), 생각대로, 부릉(VROONG_메쉬코리아) 등 배달 대행 전문 업체들이다. 이들 업체를 통해 입점 신청에 대한 상담을 받고 채널 및 입점이 진행되도록 시스템이 되어 있으며, 공식 대행사를 점주가 선정한다. 그렇게 되면 배달 대행사들은 라이더들을 관리하며 사업을 진행한다. 라이더들은 오토바이가 없는 경우, 리스 또는 렌트 등을 통해 배달용 오토바이를 보유할 수 있으며, 이에 따른 보험 가입 등도 필요하다.

이 업체들 중 스타트업 엑셀러레이터이자, 푸드테크 플랫폼을 운영하는 씨엔티테크는(CNTT 운영사) 카카오가 2016년 지분 18%를 인수한 회사다.

바로고(barogo)는 2015년 설립된 스타트업으로서 배달 대행 플랫폼이다. 2016년 8월 이미 월 배송 건수 100만 건을 돌파하였고, 이를 기반으로 2018년 5월에는 시리즈 A 투자, 2019년 시리즈 B, B+투자 등을 유치하였다. 2019년 9월에는 누적 배달 건수 1억 건을 돌파하며 시장을 선도하고 있으며, 2020년 5월에는 월 배달 건수 1천만 건을 돌파하였다. 전국의 바로고 허브수는 960개 이상이며, 활동 라이더 수는 2.6만 명이 넘어섰다. 또한 배달 대행을 등록한 매장 수는 8.9만 개를 넘어섰다. (바로고, 2021)

2016년 설립된 로지올은 모회사가 인성 데이터인데, 이 회사는 퀵서비스 시장의 80% 이상을 점유한 회사다. 로지올은 인성 데이터의 자회사로 설립되면서부터 프로그램 등의 개발이 완료된 상태에서 출발했다는 점이 타사와 다르다고 할 수 있다. (성현희, 2021, 4, 19)

로지올이 운영하는 '생각대로'는 전국 지점이 1,040개 이상이며, 전국 지원센터는 14개, 가맹점 수는 92,261개를 넘어서고 있다. 2019년

거래액 1조7천억 원에서 2020년 3조1천억 원 이상으로 상승 및 2021년 1월 기준 소속 라이더는 4.8만 명 이상 확보된 상태다. (로지올, 2021)

부릉은 2012년 설립된 스타트업이다. 2017년 네이버로부터 240억의 투자금을 유치하기도 했다. 자동차 시스템(TMO)을 통한 물류 배송 및 부릉 OMS(Order management System) 배달 대행, 배송 관리 서비스(5PL) 등을 통한 사업모델을 갖고 있으며, ICT 기술과 물류 인프라 기반의 혁신적 서비스를 만든다는 전략이다. 또한 배달 대행과 관련한 용품들을 판매하는 부릉몰을 운영하기도 한다. 누적가입 수는 6만 7천여 개이며, 부릉스테이션(거점)은 500여 개, 기사 수는 약 4.2만 명을 넘어섰다. 월 거래액은 1,153억 원이며, 월 매출은 241억 원이다. (메쉬코리아, 2021)

이상과 같이, 카카오톡 주문하기는 배달 대행 플랫폼 4개 업체를 공식 대행사로 활용한다.

배달 대행 플랫폼 사업자들은 지역 거점의 영세 배달 대행사와 '위탁 계약'을 맺으며, 영세 배달 대행사는 해당 지역의 배달 라이더들과 '알선 계약'을 맺는다. 그러나 이들은 주문 대행 플랫폼인 카카오와 무관하며, 배달 대행 플랫폼사의 유니폼을 입고 일하지만, 주문대행 플랫폼 사의 직원은 아니다. 그렇다고 영세 배달 대행사의 직원도 아니다. 이러한 구조가 한국형 배달 플랫폼이 보여주는 특징이다. (박정훈, 2020)

〈표 2〉. 카카오톡 주문하기와 배달대행 플랫폼

서비스명		운영사업자	주요내용	수수료 책정방식
카카오톡 주문하기		카카오	카카오 페이 배달 건당 수수료(2%) 결제 수수료(1.7~2.7%)는 매출 규모에 따라 차등화 되어 있음 * 3억 이하 영세사업자 1.87% 중소사업자 3~5억 이하(2.2%) 등 광고상품(톡 주문플러스[4]) 등	정액 수수료 매출 규모 고려 그 외 광고 상품 판매 전략 등
공식 대행 사업자	CNTT (배달포스)	씨엔티 테크	2016년 카카오가 지분 18% 인수	개별 계약에 따라 배달료 산정
	barogo (바로고)	바로고	카드결제단말기, 오토바이 리스 또는 렌트비, 보험료 등	개별 배달대행 지사가 가맹점과 계약
	생각대로	로지올	카드결제단말기, 오토바이 리스 또는 렌트비 (협업:바이크 뱅크), 보험료	개별 배달대행 지사가 가맹점과 계약
	부릉 (VROONG)	메쉬코리아	월 가맹비(3.3만원), 콜 수 대비 추가 가맹비, 배송수수료, 신용카드결제 수수료(2.7%), 카드결제단말기, 부릉몰 운영, 오토바이 리스 또는 렌트, 보험료 등	본사가 가맹점과 계약
	공 통		기본료 평균 1~1.5km 당 3~4천원 심야 · 우천 · 폭염 등 할증 건당 500~1000원 추가	배달대행 지사 또는 본사가 배달료 인상 등으로 마찰 우려 등

* 각 사 자료, 배한님(2020. 9. 2), 한국 신용데이터 (2021) 등을 토대로 저자가 재정리

---

4) 프랜차이즈 매장과 우리 동네 매장 리스트 중간에 광고상품을 구매한 사업장이 노출되며, 이는 카카오 공식 광고대행사를 통해 구매할 수 있다.(카카오고객센터, 2021)

(2) 카카오커머스

카카오커머스는 2018년 12월 도매업과 소매업을 업종으로 하는 온라인 쇼핑 기업으로 설립되었다. 카카오커머스는 카카오가 의결권의 과반수를 소유하며, 카카오의 종속기업이다. (카카오, 2021a) 2021년 9월 현재, 카카오톡 선물하기[5], 카카오톡 스토어, 쇼핑하우를 운영하고 있다. 이들 서비스는 카카오톡을 기반으로 쇼핑플랫폼 회원 수 3,100만 명(전 국민의 61%), 선물하기 톡 채널 친구 수 2,000만 명을 달성했다.

카카오커머스가 운영하는 서비스들을 통해 매일 35만 명, 매월 600만 명, 매년 1,600만 명이 카카오톡을 통해 선물하기 및 쇼핑을 한다(카카오커머스, 2021). 여기서는 골목상권과 관련성이 그래도 인정될만한 카카오톡 쇼핑하우와 카카오톡 스토어만 다뤄보겠다.

카카오톡 쇼핑하우는 PC와 모바일을 통해 Daum 서비스를 이용하는 고객들을 중심으로 다양한 유입채널을 가지며, 쇼핑하우의 메인 페이지, 상품 검색 및 가격비교 등의 영역에 상품을 홍보할 수 있다고 알려져 있다. 입점하기 위해서는 사업자 등록을 마치고 Daum 비즈니스 회

5) 카카오톡 선물하기는 15%의 수수료가 부과된다.

원으로 입점 신청을 해야 한다. 입점 방식은 CPC입점, CPS입점, 광고전용 입점 등으로 구분된다.

CPC입점은 입점비가 무료다. 다만 쇼핑하우에서 판매되는 상품의 예상 매출액을 고려해 클릭당 수수료(Cost Per Click, CPC)를 부과하는 방식으로 운영되며, 별도의 입점비는 없다.

CPC 과금은 구매 의사가 있는 클릭만을 대상으로 하기에 1개 상품에는 1명의 사용자가 클릭한 1회만 과금하여 부정한 의도가 있는 클릭을 방지하고, 유효한 클릭에만 과금하는 방식으로 운영된다. CPC입점의 과금 수수료는 아래 표와 같다.

〈표 3〉. 카카오커머스의 'Daum 쇼핑하우' 판매상품 가격별 CPC 수수료

판매상품 가격	CPC 수수료
1만원 이하	20원
2만원 이하	35원
3만원 이하	40원
4만원 이하	45원
5만원 이하	50원
7만원 이하	55원
10만원 이하	60원
15만원 이하	65원
15만원 초과	70원
쇼핑몰명(상품없이 쇼핑몰명만 노출)	30원

* 출처 : 카카오커머스 (2021a) 쇼핑하우 CPC 입점안내.

CPS입점(Cost per Sale, 판매당 과금)은 쇼핑하우가 운영 중인 다양한 서비스 페이지에 입점한 업체가 등록한 상품DB 또는 브랜드가 노출되고, 이용자의 실구매로 이어지면 CPS수수료 및 판매금액의 2% 내지 3%를 판매 수수료로 부과하는 방식이다. 이는 상품 수가 5,000개 이상의 중대형 쇼핑몰 또는 특화된 상품들을 다루는 업체에 적합하다. 상품 수가 많거나 전문분야가 있는 경우, 상품 노출이 다양하게 일어나기 때문이다. 특히 Daum 통합검색, 쇼핑하우 내 상품DB 노출, 메인 배너 및 기획전 배너 영역, 퀵 링크(브랜드 검색) 등을 통해 브랜드 광고를 할 수 있다. 쇼핑하우의 입점유형에 따른 수수료는 다음 〈표 4〉와 같다.

〈표 4〉. 쇼핑하우의 CPS입점비 및 수수료

<table>
<tr><th>입점유형</th><th>대상업체</th><th>CPS수수료</th><th>입점비</th><th>거래 수수료</th></tr>
<tr><td>프리미엄 CPS</td><td>상품 DB 30만개 이상,
대 카테고리 5개 이상</td><td>상품DB, 기획전 배너 노출
퀵링크, 기타 쇼핑하우 내부
인벤토리</td><td>월 2천만 원</td><td>2%</td></tr>
<tr><td>전문 프리미엄
CPS</td><td>상품 DB 30만개 이하,
대 카테고리 5개 이상</td><td>상품DB, 기획전 배너 노출
퀵링크, 기타 쇼핑하우 내부
인벤토리</td><td>월 1천만 원</td><td>2%</td></tr>
<tr><td rowspan="2">전문 CPS</td><td rowspan="2">일부 카테고리 취급</td><td rowspan="2">상품DB, 기획전 배너 노출
퀵링크, 기타 쇼핑하우 내부
인벤토리</td><td>월 4백만 원</td><td>2%</td></tr>
<tr><td>월 2백만 원</td><td>3%</td></tr>
<tr><td>도서 CPS</td><td>도서만 취급</td><td>도서 서비스 입점</td><td>없음</td><td>3%</td></tr>
<tr><td>공연 CPS</td><td>티켓만 취급</td><td>티켓 서비스 입점</td><td>없음</td><td>1%</td></tr>
<tr><td>면세 CPS</td><td>면세점 취급</td><td>면세 카테고리 입점</td><td>월 5백만원</td><td>없음</td></tr>
</table>

* 출처 : 카카오커머스 (2021c). 쇼핑하우 CPS 입점안내.

광고전용 입점은 별도 입점비가 없는 대신, 다양한 광고 영역에 노출된 자사 광고를 이용자가 클릭하여 입점사 사이트로 이동할 때 클릭당 수수료가 부과되는 형태다.

수수료는 광고 영역별 별도의 클릭당 수수료가 부과된다. 또한 광고 노출을 자유롭게 켜고 끄고 할 수 있으며, 일일 허용 예산을 정하고 사업주가 이를 관리할 수 있다. 이는 CPC(클릭당 과금), CPS(상품 판매당 과금)를 통한 수수료 지불 형태로 가능하다.

이와 별도로 CPC 및 CPS광고가 아닌 광고전용 입점 형태도 있다. 이는 광고 수수료를 지불하고, 특정 광고 영역에 노출되는 상품이다. 주요 광고 영역은 쇼핑하우 핫딜, 다음 쇼핑 트렌드, 다음 빅카드, 네이트 쇼핑박스, 네이트 쇼핑 트렌드 등에 노출된다. 광고 영역에 들어갈 이미지와 텍스트는 사업자가 제작 가이드에 맞춰 제공해야 한다.

광고 영역 및 수수료는 다음 〈표 5〉와 같다.

<표 5>. 광고전용 입점에 따른 노출영역 및 수수료

(단위 : 원, VAT미포함)

구분	쇼핑하우 핫딜	다음 쇼핑트렌드	다음 빅카드	네이트 쇼핑박스	네이트 쇼핑트렌드
특징	핫한 쇼핑몰의 특가 상품만 모아 소개하는 '핫딜' 서비스	트렌디한 상품을 모바일 웹과 앱의 쇼핑탭에 노출	이미지 썸네일과 텍스트 기반 스토리제공, 브랜딩과 구매 전환용 광고	네이트 닷컴 메인페이지에 썸네일 이미지 광고, 쇼핑메인, 각 세션 상세페이지에 동시 노출	네이트 모바일의 다양한 광고 영역에 동시 노출
노출영역	모바일 Daum쇼핑 탭 [투데이핫딜] 영역, 모바일 쇼핑하우[핫딜]리스트, PC Daum 우하단 쇼핑박스[품절주의 역대급 핫딜] 영역, PC 쇼핑하우 [핫딜]리스트	Daum 모바일 쇼핑탭 상단 [쇼핑트렌드] 영역, Daum 모바일 홈&쿠킹, 자동차+ 탭 하단 [추천 쇼핑] 영역 (특정 카테고리에 한함)	Daum 모바일 쇼핑탭 빅카드 1, 3번째 영역	네이트 메인 쇼핑박스 1탭 뉴스, 쇼핑, 판, 스포츠, 만화 섹션 동시 노출 (노출 지면 별도 안내 없이 변경/삭제 가능)	Nate 모바일웹, 앱 메인 뉴스, 쇼핑, 판, 엔터 등
수수료	월/2백만 원	월/2백만 원	월/3백만 원	월/3백만 원	월/3백만 원 등

* 출처 : 카카오커머스 (2021a) 쇼핑하우 광고전용 입점 안내.

카카오톡 스토어는 사업자 등록번호가 있는 국내 사업자에 대하여 입점 신청 및 심사 등을 거쳐 최종 확정된다. 구매대행사업자는 입점이 제한되며, 간이과세자와 면세업자는 통신판매 신고증이 필요하다. 또한 음란물, 혈액(헌혈증), 군복, 마약, 의약품, 모의총, 야생 동/식물, 담배, 도수 안경 및 콘택트렌즈 등은 등록이 불가하다.

등록된 업체는 카카오 채널, 쇼핑하기, 장보기, 다음 쇼핑, 패션 바이 카카오 등을 연동해 상품을 판매할 수 있다. 상품 판매에 따른 수수료는 크게 결제 수수료와 노출 수수료가 있다.

일반 상품의 경우는 결제 수수료 3.3%(VAT포함), 노출 수수료 3.3%(VAT포함) 등의 수수료가 있다. 노출 수수료는 카카오톡 서비스 중 쇼핑하기, 장보기, 다음쇼핑, 패션 바이 카카오 등에서 이용자의 상품 클릭 및 실제 매출이 발생했을 때, 부과되는 수수료다. 따라서 소비자가 카카오톡 스토어에 들어와서 상품을 보고 직접 결제하면 사업자에게는 3.3%의 결제 수수료만 과금된다. 그리고 소비자가 다음쇼핑에 노출된 사업자의 상품을 클릭하고 상품 구매에 따른 결제를 진행했다면, 다음쇼핑에 상품 노출로 매출이 발생했으므로 3.3% 노출 수수료와 결제 수수료 3.3%가 책정되어 과금되는 총 수수료는 6.6%가 과금된다. 결제가 발생된 경로 및 노출 여부는 판매자가 확인할 수 있다.

톡딜 상품인 경우, 노출 수수료는 없고, 결제 수수료만 10%(VAT포함)을 부과한다. 톡딜 서비스는 딜 기간을 설정하고, 2인 공동구매 형태로 상품 판매가 진행되며, 쇼핑하기, 카카오톡 쇼핑탭, 모바일 다음 쇼핑 탭 등의 전시 영역에 노출된다. 특히 톡딜은 이용자가 직접 톡딜을 참여가 가능하며, 딜 오픈하기와 딜 참여하기를 통해 이용자는 참여가 가능하다. 구매가 성공하면 딜을 오픈한 이용자에게는 구매 금액의 1%, 딜에 참여한 이용자에게는 구매금액의 0.5%를 적립해준다.

〈표 6〉. 카카오톡 스토어 쇼핑 수수료

단위: %(VAT포함)

구분	일반상품주문	특딜 상품 주문	
결제수수료		3.3%	10%
노출 수수료	쇼핑하기(장보기 포함)	3.3%	없음
	다음쇼핑		
	패션 바이 카카오		

* 출처 : 카카오 (2021b). 카카오톡 스토어 판매자센터.

(3) 카카오모빌리티

카카오모빌리티는 2017년 5월 8일 설립되었다. 모회사인 카카오가 지분 69.1%를 보유하고 있으며, 업종은 정보서비스업(컴퓨터, 멀티미디어 프로그램 개발, 제조, 판매, 데이터베이스 검색, 개발 및 판매업), 주요 사업은 카카오T (택시, 대리, 주차 등) 운영이 초기 사업이었다.

카카오모빌리티의 설립 이후에는 위치 기반 서비스업, 소프트웨어 자문, 개발 및 공급업, 대리운전 서비스업(2017년 12월 27일 추가), 운송수단, 운송용역의 제공 및 알선 등 사업(2019년 3월 26일 추가), 주차장 운영 및 주차장 관리 설비 제조, 공급업(2019년 12월 31일 추가), 자동차 임대 및 렌트업, 선불전자지급수단관리 및 전자 지급결제대행업 등

(2020년 3월 20일 추가)을 신규 업종으로 지속적인 사업 다각화를 구현하고 있다(카카오, 2021). 그런데 사업 다각화 과정에서 소상공인 영역과 교차하는 지점에서 합리적 대안을 마련하지 못하고 있다.

카카오모빌리티는 2021년 4월 이후, 새롭게 런칭한 서비스만 해도 흔히 소상공인들이 사업을 오프라인에서 영위하고 있는 사업들이다. 이러한 시장에 등장한 사업자는 기존의 스타트업 인수합병(M&A) 또는 기존 사업자들을 디지털화된 서비스 산업으로 편입시키고, 이용자의 편의성을 고려한 원스톱 서비스를 사업모델로써 지향한다고 볼 수 있다. 그러나 이러한 사업화 전략은 당장의 수익성 개선과 함께 기업공개(IPO)를 통해 더 많은 투자와 수익의 실현이 목적이기 때문에 시장의 반발을 무릎쓰고서라도 사업 다각화는 필수 불가결한 상황에 내몰린다.

이미 카카오모빌리티는 국내외 주요 증권사에 2022년 증권시장 상장을 위한 입찰 제안요청서(RFP)를 발송한 상태다. (김동준, 2021, 8, 30)

그중 요즘 논란이 거센 카카오는 카카오모빌리티가 핵심에서 관련 사업들을 진두지휘하는 모양새다. 카카오모빌리티가 2021년 9월 현재 서비스하고 있는 분야는 카카오T 블루 등의 택시, 외국의 우버(Uber)나 그렙(Grab) 서비스와 유사한 카카오T 블루(택시)부터 서울시 따릉이와 비슷한 카카오T 바이크(전기 자전거), 꽃 배달, 간식, 샐러드, 대리기사, 퀵 및 택배 서비스, 항공 발권 서비스, 시외버스, 주차, 방문 세차, 내비게이션, 발레 주차, 방문 정비(차량), 내 차 팔기(중고차 매매), 전기차 충전 등의 서비스 시장에까지 진입한 상태다.

카카오모빌리티의 본격적인 사업화 전략은 기업 전용 서비스인 카카오T 비즈니스와 개인 유저 중심의 카카오T 서비스로 나뉜다. 카카오모빌리티는 아이러니하게도 코로나19로 소상공인들이 매우 어려운 상황 속에서 번창해나갔다. 또한 전광석화처럼 눈 깜짝할 사이에 골목상권 산업들에 대한 디지털 트랜스포메이션을 통해 시장을 잠식해나가고 있다. 올해 2021년 4월부터 9월까지 카카오모빌리티가 새롭게 런칭한 서비스들은 아래 〈표 7〉와 같다. 이 모든 서비스는 카카오모빌리티 내에서 포인트 적립(카카오 T 포인트)을 통해 고착화(lock-in) 될 수 있다는 점에서 시장 선점의 효과가 강하게 나타날 수 있다. 이뿐 아니다. 여기서 서비스 이용으로 얻게 되는 막대한 양의 데이터를 기반으로 추가적인 사업들을 지속적으로 구상할 수 있게 된다.

우선 4월에는 카카오T 비즈니스[6] 꽃 배달, 간식 및 간편 가정식(샐러드) 배달 서비스가 출시되었다. 카카오T 비즈니스 꽃 배달 서비스는 영업시간 기준 내 전국 어디서나 4시간 이내에 각종 경조사 관련 꽃을

---

6) 카카오 T 비즈니스는 회사 운영에 있어서 필요한 각종 경조사 등의 꽃 배달, 직원들이 선호하는 간식의 배송, 기업용 비즈 퀵 및 택배 서비스, 유류비 정산용 내비게이션, 카카오T 택시의 광속 배차, 카카오 T 블랙을 통한 비즈니스 관계자의 케어 등을 하나의 '비즈니스' 카테고리로 통합한 서비스다.

배달해주는 서비스다. 비즈니스 간식 배달 서비스는 간식 전문 큐레이터가 기업 또는 직원들의 취향에 맞는 간식을 취사선택해 주문하면, 주기별로 다른 간식의 배송 및 탕비실 재고 관리 등을 알아서 해주는 서비스다. 꽃 배달은 청년 기업인 소망농원을 통해 서비스가 제공되며, 간식은 AI기반 간식 큐레이션 기업인 스낵포와 협약을 통해 진행된다.

간편 가정식(샐러드) 서비스는 당일 아침 신선한 품질이 보증된 특등급 채소, F&B 전문가의 레시피로 안전시설에서 제조하며, 대량 주문이 가능하도록 설계되었다. 서비스 지역은 서울 전체와 성남, 판교 지역이다. 푸드테크 기업인 프레시코드사와 협약을 통해 서비스를 제공했다. 하지만, 이 3개 서비스는 2021년 9월 14일 카카오의 상생안 발표에 따라, 서비스 시작 5개월 만에 종료하게 되었다.

6월에는 카카오T '항공', '비즈니스 택시 및 대리 예약', '비즈니스 퀵' 서비스가 새롭게 런칭했다. 카카오T 항공 서비스는 카카오T 어플리케이션을 통해 '가까운 공항 찾기'와 '항공권' 발권이 가능하다. 특히 단독 특가전 등의 프로모션을 통해 이용자 유입을 지속적으로 늘려나갈 것으로 보인다. 현재 예매가 가능한 항공사는 대한항공, 아시아나항공, 진에어, 에어부산, 에어서울, 티웨이항공사 등이다. 이스타항공은 2021년 9월 현재 제외되어 있다.

카카오T 비즈니스 '택시 및 대리 예약' 서비스는 최대 경유지 5곳까지 설정이 가능하며, 편도 및 1시간 단위의 대절 예약 서비스가 가능하다. '대리운전 예약' 서비스는 오전 8시부터 오후 5시까지 시간을 중심으로, 낮 시간대나 숙취, 건강검진, 골프장 또는 외곽 지역 등에서 대리운전이 필요한 상황을 고려해 사전에 대리운전을 예약할 수 있는 서비스다. 오픈 행사로 선착순 1만 명에게 5천원 할인 쿠폰을 지급하였다.

카카오T 비즈니스 '퀵' 서비스는 물품 정보와 출발지, 도착지를 입력하면 배송 속도 및 가격에 따라 이동수단을 택할 수 있고, 배송시간이 빠른 '퀵 급송', 한진택배와 협업하는 택배 서비스 등이 있다. 서비스 가입자 촉진을 위해 최초 이용자에게 1만원 웰컴 쿠폰을 제공했다. (김인경, 2021, 7, 15)

7월에는 카카오T '방문 세차', '발레 주차' 및 '마이카' 카테고리 개편을 통해 대리운전, 주차, 차량 관리, 방문 세차, 정비 등 통합 관리가 가능한 서비스로 개편되었다.

카카오T '발레' 주차 서비스는 2020년 11월 주차 관련 스타트업인 '마이 발렛'(2014년 설립)[7]'을 70억 원에 인수합병(M&A)하고, 서비스를 리뉴얼해 오픈했다. 주차 서비스의 경우, 2013년 6월에 설립된 스타트

---

7) 마이 발렛은 2014년 창업한 회사로서, 주차관리 및 발레 파킹 업무 시스템 어플리케이션 회사였다.(강두순 · 강우석, 2020, 12, 29)

업 '파킹스퀘어[8]'를 60억 원에 2016년 2월 인수합병하고, '카카오파킹' 서비스를 출시해 에버랜드, 코엑스, 서울대공원 주차장을 위탁 운영하는 중이다. 카카오모빌리티는 2021년 6월 파킹스퀘어의 인력, 역량 및 서비스 모두를 흡수하고 '파킹스퀘어'를 청산했다. (원충희, 2021. 6. 3)

9월에는 청각 장애인 기사님이 운전하는 카카오T 블루(택시), 카카오T 전기차 충전 서비스를 신규 런칭했다. 카카오T 블루(택시)는 '청각 장애인' 기사님들이 운행하는 택시다. 이 서비스는 스타트업인 코액터스가 운영 중인 '고요한 택시' 서비스와 협업을 통해 진행되고 있으며, 택시 이용 시 차량 내 설치된 전용 태블릿을 통해 기사님과 대화를 할 수 있다. 카카오모빌리티는 기존의 카카오T 블루와 관련된 마찰을 고려하고, 사회적 책임이라는 차원에서 이러한 서비스를 더욱 확대할 것으로 보인다.

카카오T 전기차 충전 서비스는 본인의 차량에 맞는 충전기(AC3상, DC콤보, DC차데모 등)의 선택, 실시간 충전(완속 및 급속) 가능 여부, 층과 구역까지 상세한 충전소의 위치 제공, 통합 결제 서비스의 제공 등의 혁신적 서비스를 제공한다고 밝히고 있다.

---

8) 2013년 6월에 설립된 '파킹 스퀘어'는 주차장 위치, 가격, 주차면적, 진입 경사도 등 정보의 제공과 주차 예약을 해주는 서비스인 '파크 히어'를 출시한 회사다. 2016년 2월 카카오모빌리티에 56억 원에 인수 합병되었다. 현재는 기존 파킹스퀘어 대표도 카카오모빌리티에서 완전히 떠난 상태다. (원충희, 2021. 6. 3 강두순 · 강우석, 2020. 12. 29)

〈표 7〉. 카카오모빌리티의 2021년 신규 및 종료 서비스

연월	신규 및 종료 서비스	수수료 및 서비스 내용
'21년 4월	카카오 T 비즈니스 꽃 (4.12)	– 청년 기업 '소망농원'과 협약 – 카카오 상생안에 따라 사업 철수 예정('21.9)
	카카오 T 비즈니스 간식(4.12)	– AI기반 간식 큐레이션 '스낵포'사와 협약 – 카카오 상생안에 따라 사업 철수 예정('21.9)
	카카오 T 비즈니스 샐러드(4.12)	– 푸드테크 기업, '프레시코드'사와 협약 – 카카오 상생안에 따라 사업 철수 예정('21.9)
'21년 6월	카카오 T 항공 서비스(6.16)	– 2020년 8월 스카이스캐너는 항공권 중개 수수료를 30% 인상 – 중소 여행사 1만 5천여 개사 어려움 겪음
	카카오 T 비즈니스 택시(6.9), 카카오 T 대리 예약(6.16)	ㅇ 택시 – (법인) 회사에 인프라 제공, 카카오 T 블루 수익의 20%가 수수료 – (개인) 프로멤버십 가입비용 월3.9만원 * 월 9.9만원에서 월 6만원 인하('21.9월) – (승객) 스마트호출 제도 폐지('21.9월) · (기존) 주간 1000원, 심야시간(자정~04시) 2000원의 일괄 요금 적용 · (요금인상) 심야 최대 5,000원으로 인상(7.30), 사실상 택시 요금 인상이라며 택시업계 반발 · (재조정) 스마트호출 요금, 주간 1000원 이내, 심야는 최대 2000원으로 재조정(8.13) · (제도폐지) 카카오 상생안 발표에 따라 스마트호출 제도 폐지 확정(9.14) ㅇ 대리 : 운행료의 0~20%이내 변동 수수료 ('21.9월) · (기존) 수수료는 운행료의 20% 고정 · (변경) 카카오 상생안 발표, 변동 수수료 도입 ('21.9월)
	카카오 T 비즈니스 퀵(6.30)	ㅇ 퀵 : 중개수수료는 운행료의 20% * 전북 군산→전주(전북도청)까지 배송요금 48,600원 중 기사 실 수령액 38,880포인트 지급

연월	신규 및 종료 서비스	수수료 및 서비스 내용
'21년 7월	카카오 T 방문세차(7.8)	o 방문세차 : 중개수수료는 15% * 안심번호 제도로 이용자와 연락 불편, 시간 대비 가성비 낮아 업계 호응 낮음
	카카오 T 발레 주차[9](Valet Parking)(7.14)	o 에버랜드('20.7.1) 주차 및 발레 이용료 – 카카오 T 주차 : 1일 1만원 – 카카오 T 발레 : 1일 2만원(만차 상관없음)
'21년 9월	카카오 T 전기차 충전(9.13)	o 한국전력과 '전기차 충전 플랫폼 구축을 위한 MOU 체결(5.14) – 카카오 내비게이션을 통해 가까운 충전소 찾아가기 및 요금 결제 등을 연동해 서비스
	카카오 T 비즈니스 꽃, 간식, 샐러드 서비스 종료(9.30)	o 카카오 상생안 발표(9.14)에 따름
	카카오 T 택시, 청각 장애인 기사 서비스 개시(9.1)	o 스타트업인 코액터스의 '고요한 택시' 서비스와 협업

* 각 서비스별 사업자 자료, 이수호(2020.8.20), 이재현(2021.5.17), 박진형(2021.9.30), 배동주(2020. 2. 17)를 토대로 저자가 취합하여 재정리 함.

9) 주차 사업은 주차장 제휴를 통한 결제 수수료를 받거나, 직영 운영의 방식이 있다. 제휴 사업은 주차 플랫폼과 주차장 정보 제공 및 이용요금에 결제에 대한 수익을 나누는 방식이다. 직영 주차 사업은 직영 주차 사업은 주차장 소유주와 운영에 따른 수익 공유하는 방식과 아예 주차장을 임대료를 카카오가 지급하고 이용 수익을 가져가는 방식이 있다. (박진형, 2021. 9. 30)

2) '카카오 당하다?' : 빅테크의 급발진 멈춰!?

언제부턴가 카카오의 골목상권 진출이 다각화되면서 미국의 빅테크 기업인 아마존(amazon)이 작은 규모의 사업체들을 인수 · 합병하는 것을 가리켜 '아마존 당하다(amazoned)'와 같이 카카오 및 계열사 등에게 골목상권이 '카카오 당하다'는 말이 회자되고 있다.

(1) 온라인 플랫폼 산업과 젠트리피케이션(gentrification)

온라인 플랫폼은 이제 더 이상 단순한 정보의 매개와 중개서비스 사업자들이 아니다. 자사 또는 계열사를 통한 사업 다각화를 통해 수익 창출을 극대화한다. 기술의 혁신을 통해서 새로운 산업을 창출해 내는 것은 국가와 사회 발전을 위해 필요한 노력이다. 그러나 한편으로는 특정 산업군의 독점화 가능성이 높아질 수밖에 없는 4차 산업혁명 시대의 위기일 수도 있다.

그럼에도 온라인 플랫폼 사업자들은 시장 점유율을 높이기 위한 다양한 방법들을 통해 시장을 장악해 나간다. 문제는 이러한 독점화 경향성이 우리 사회에 어떠한 영향을 줄 수 있는지에 대한 면밀한 분석이 이뤄지기 전에 시장 상황이 급변하고 있다는 점이다.

최근 연구에서는 SNS 서비스를 중심으로 파생된 이미지와 텍스트에 대한 분석과 특정 산업 부티크(boutique)들이 특정 지역에 확산하는 속도에 따라 젠트리피케이션의 영향에 대한 진행 단계를 판단할 수 있는 지표적 성격의 연구 결과를 발표하기도 했다.

젠트리피케이션이 SNS를 통해서만 존재하는 것은 아니다. 온라인에서 일어나고 있는 거대한 도시와 같은 온라인 플랫폼이 지역을 관할하고, 온라인 상점은 플랫폼 내 자기 카테고리 또는 서비스 페이지 내에서 치열한 상품 판매, 프로모션, 상위 페이지에 노출되기 위해 치열하게 경쟁을 해야 한다.

(2) 전통적 지역 상권의 특징

소상공인들은 하나의 도시를 중심으로 상권이 형성된 곳에 건물주와의 임대계약을 통해 개인 또는 한 가족의 희망을 품고 창업하게 된다. 그러나 현재 갑작스러운 코로나19의 확산은 전통적으로 형성되어 왔던 도심지와 주거지역의 상권 기반의 소매산업의 소멸을 가속화하고 있다.

이는 소상공인의 비율이 상당히 높은 국내 시장 경제의 한 축을 붕괴시키는 커다란 사회 · 경제적 위협으로 다가오고 있다.

전통적 소상공인 중심의 지역 경제의 축은 유동인구가 많고 도심 상권이 형성된 상업지역과 거주지 중심으로 형성된 지역 상권 구조, 교통의 요충지, 교통 혼잡비용을 지불하는 대형 유통 업체 등이 들어선 지역 또는 지하철 및 경전철 역 인근의 밀집된 상가들을 중심으로 브랜드에 기반한 프랜차이즈 형 상권이 주를 이룬다. 그리고 또 다른 한 축은 전통시장 기반 상권이다. 현대의 상권은 사회 · 문화적 그리고 경제적 접근에 따라 새롭게 지역 상권이 형성되고 있으며, 지속적인 발전과 변화를 통해 매일매일 조금씩 달라지고 있다.

또한 이러한 지역은 지역 상권의 터줏대감과 같은 소상공인들이 존재하며, 이들은 해당 상권 내에서 틈새시장(niche-market)을 담당하며 탄탄한 상권의 중심에 있기도 하다. 즉, 오래된 맛집 또는 특정 상품 판매로 유명한 소상공인들이 많으면 많을수록 지역 내 상권은 특수한 공존 형태의 상권을 굳건하게 유지하기도 한다. 이러한 지역 로컬 상권들은 다양한 업종이 공존하는 상권으로 확대될 수 있는 구조를 만들어낼 수 있다.

전통시장도 그러한 유형의 상권 중 하나라고 할 수 있다. 전통 시장은 상당한 기간 동안 형성된 시장 상권을 중심으로, 다양한 자영업자 중심으로 상권이 형성된 곳들이 다수다.

또한 일부 전통 시장은 이제 20~30대가 방문하는 뜨는 장소(hot-spot)로 알려지기도 하며, 안정적 상권을 형성하는 전통시장들도 지속해서 나오고 있다. 이는 전통시장 활성화 전략이 유효했던 시장들이 등장하고 있음을 의미한다. 다만, 그러한 시장은 일부에 지나지 않는다. 또한 전통시장 상권과 인접한 상권이 융합적 구조로 발전되는 곳도 일부이며, 예산 집행에 비해 흐지부지되는 경우가 다반사다. 이러한 점을 볼 때, 정부가 추진하는 전통시장 살리기 법과 제도적 차원의 전통시장 지원의 효율성은 재고해볼 필요가 있다. 왜냐하면 전통시장을 중심으로 하는 지역 상권 활성화 전략이 지역 상권을 위해 올바른 방향성을 갖고 있는지도 한 번쯤 고려해 볼 필요가 있다. 특정 지역, 공간에 투입되는 예산으로 해당 지역 상권만을 활성화하는 것이 지역 경제에 터를 잡고 사는 많은 소상공인들에게 얼마나 유효한 정책인지를 고려해봐야 한다. 즉, 선별적인 지역 상권에 대한 정책 지원에 대한 재검증이 필요할 것이다.

하지만, 2010년을 지나면서 이러한 지역 상권 구조를 만드는 데 있어서 가장 큰 걸림돌은 마천루보다 높게 상승한 상가 임대료 혹은 프랜차이즈 기업들이 기존 업체를 내쫓고 입지적 조건이 우월한 지역에 입점시키려 경쟁하며 올려버린 임대료, 건물주의 자본에 대한 지나친 열정으로 인한 갑질 등이 하나의 열병처럼 지역 경제를 훑고 지나갔다. 코로나19로 인해 높아진 임대료를 낼 수 없는 소상공인들이 속출했으며, 그 여진은 계속되고 있다.

지역 상권은 공간적 확장과 축소가 반복되는 역동적 공간으로서, 특정 지역 상권이 번화하면, 인근 지역에 신흥 상권이 들어서며 상권은 더 크게 확대된다. 그러나 새롭게 형성되는 인근 지역의 상권은 기존 상권들보다 시간 경과에 따라 폐업 위험률이 높을 수밖에 없으며, 상권에서 중요한 생존 요인인 점포의 특성은 기존 상권과 신흥 상권에 큰 차이는 없지만, 입지의 특성에 따른 차이가 있다. (민철기 · 강창덕, 2021) 이는 상권이 확장되는 공간이 기존 상권에서 건물주의 임대료 인상 혹은 젠트리피케이션 등의 영향으로 주변 인근 신흥 상권 지역으로 옮겨 갔을 때, 소상공인 등의 사업자가 새로운 상권에서 생존하는 데 있어서 입지의 변화로 인해 나타난 폐업 위험성이 높다는 점 것을 의미하므로, 향후 지역 상권분석에서 매우 중요한 의의를 가질 수 있다.

또한 소상공인에 대한 젠트리피케이션에 대한 연구 등에서 소상공인 업종별 인허가 데이터 등을 기반으로 지역 상권의 변화를 체계적으로 분석할 필요가 있다.

즉, 데이터 기반의 상권분석 시스템을 정교화하여 전국적인 상권분석 시스템으로 개발 · 운영할 필요가 있다.

(3) 대형 유통 업체의 등장과 지역 상권의 변화

1996년 우리나라의 유통시장이 개방되면서, 대형 유통 업체 중심의 기업형 유통이 급성장하였다. 그리고 이러한 유통시장의 구조 변화는 사회 · 경제적 틀의 변화도 가져왔다. (김숙경 · 김천곤 · 김기환, 2011)

한국표준산업분류(Korea Standard Industrial Classficaition)에 의하면 대형 유통 업체는 '대형 종합소매업(G4711)'으로 분류되며, 이는 백화점, 대형할인마트, 복합 쇼핑몰 및 아울렛 등이다. 1990년대 이후 확산된 대형 유통업체는 쾌적하고 드넓은 대규모 매장에 저렴하고 다양한 상품의 구성과 상품 구매의 편리성 등을 제공함으로써 이용자 편익을 증대시켰다. (성낙일, 2021) 대형할인마트의 경우, 기존 자사 매장에 신규로 매장을 개점하기보다는 경쟁업체 매장이 소재한 지역에 매장을 추가 개점하여 자기 시장 잠식보다 경쟁을 선택하는 전략을 취했다. (성낙일 · 권태구, 2016)

하지만, 대형 유통 업체의 급성장은 전통적 소매 유통채널인 골목 상권 및 소규모 동네마켓, 전통시장 등에 상당한 영향을 끼침으로써 퇴출 및 폐업이 줄을 이었다. (성낙일, 2021)

지금도 대형 유통 업체의 규제에 관한 논쟁은 여전하다. 중소기업중앙회는 대형 유통 업체의 신규 출점 및 영업 관련 규제를 강화해야 한다는 입장이고, 관련법인 '유통산업 발전법' 개정을 요구한다.

대한상공회의소는 대형 유통 업체 중 대형할인마트의 매출액이 다년간 마이너스 성장을 기록하고 있을 뿐 아니라, 2018년부터는 점포 수가 감소세이므로 규제를 전면 재검토해야 한다는 입장을 내세우며, 양 진영 간 찬반 논쟁이 치열하다. (성낙일, 2021)

이를 위해 정부는 중소유통업 경쟁력 향상을 위한 전통시장, 상점가, 소상공인 지원을 위한 중소유통업의 시설 현대화, 경영능력 제고 등의 노력을 기울였다.[10] 그럼에도 이러한 정책들은 한계점을 드러내고 있다. 특히 유통산업 전반에 구조적 문제 해결보다는 전통시장의 활성화 및 현대화를 위한 재정적 지원, 〈유통 산업 발전법〉 제정을 통한 대형 유통업체 의무 휴점일 지정 같은, 이슈가 되는 현안을 중심으로만 대응하는 정책을 펼침으로 유통산업의 구조적 문제를 해결하는 데 미흡했다. 또한 전통시장과 소상공인에 대한 직접적 지원에만 치중한 결과, 기본적인 유통 인프라 구축에는 미흡했다. 따라서 물류 배송 인프라뿐 아니라 정보화 인프라 구축의 필요성이 지속해서 제기된다. (김숙경 · 김천곤 · 김기환, 2011)

코로나19 이후, 소상공인들에게 가장 필요한 지원은 이와 같은 인프라가 구축된 플랫폼이었을지도 모른다.

2001년부터 2016년의 기간 동안 대형 유통 업체는 점포를 늘려나갔다. 점포를 늘려가면 갈수록, 같은 기간 창업한 소상공인들의 폐업 확률에 영향을 미치는 것으로 나타났다. 특히 대형 유통 업체 수가 다른 지역보다 1개 더 증가하게 되면 해당 지역 내 소상공인의 폐업 확률이 약 0.7% 증가한다는 결과다. 폐업에 영향을 받는 업종은 소상공인들 중 종합소매업보다 전문 소매업자들이 더 큰 영향을 받았다. 다만 2010년 이

10) 정부는 2010년부터 대형 유통 업체 진출에 따른 소상공인 등의 보호를 위한 정책으로 '나들가게' 사업이 추진되었다. 이는 영세 소매업체 피해를 최소화와 경쟁력 강화를 목표로 매장면적 300평방미터 이항 소매점포에 대해 시설 현대화를 위해 융자금 지원(최대 1억 원), 개별 점포당 간판 교체 비용 지원(200만 원), 상품배열 조정비용(120만 원), POS 설치 지원(150만 원) 등의 정보시스템을 구축할 수 있도록 지원했고, 점포, 상품기획 및 리모델링 등의 전방위적인 지원을 아끼지 않았다. 하지만 대형 유통 업체와의 가격 경쟁력에서 한계를 보였다. (김숙경 · 김천곤 · 김기환, 2011) 2021년 현재 일부 점포들만이 운영되고 있다. 대부분 대기업이 운영하는 편의점으로 업종 변경된 곳들이 다수이다.

후 대형 유통 업체의 영향력은 현저히 줄어들게 되었다. (성낙일, 2021)

그렇지만 아직까지도 대형 유통 업체의 등장은 영세 소상공인들의 연쇄 폐업을 야기하고, 자영업자의 실직 뿐 아니라, 대형 유통 업체 중심의 비정규직 종사자들을 대거 양산했다는 점에서도 파장이 크다. 하지만 대형 유통 업체의 출현이 소상공인들에게 악영향만 준 것은 아니었다. 시장에서의 생존을 위해 대형업체와 경쟁해야 하는 압박은 소상공인들 스스로 생산성 향상과 효율성의 제고 및 강화라는 결과를 보여줬기 때문이다. (성낙일 · 정소라, 2019)

예를 들면, 대형 유통 업체 인근 또는 거주지 인근 상가 등에 조그맣게 창업한 채소 및 과일 가게(종합 신선식품 소매 또는 전문 신선식품 소매)를 흔하지 않게 볼 수 있다. 이들은 이른 새벽, 농수산물 시장에 직접 가서 가격 흥정을 통해 구매해온 채소, 과일 등 신선식품 중심으로 지역 상권에서 자리를 잡아가고 있다. 자신들이 직접 구매, 배송, 매장 판매 및 온라인 판매까지 원스톱으로 이뤄지는 소규모 시스템을 확립해 틈새시장으로서 자리를 잡아가고 있다.

그날 구매한 제품들은 그날 모두 판매하는 것이 이들의 목표다. 요즘은 전통시장에서도 라이브 커머스 방송을 통해 물건을 구매할 수 있는 시스템을 만들어서 운영하기도 한다. 이렇듯 대형 유통 업체와의 경쟁에서의 우위를 누릴 수 없다면, 틈새시장을 뚫기 위한 소규모 경쟁 전략부터 실행해나가는 것이 소상공인들이 할 수 있는 생존 전략이라고 할 수 있다.

(4) 온라인 플랫폼 중심의 지역 상권 특징

전통적인 유통 시장은 부지와 건물이 필요한 장치산업과 같았다. 도 · 소매 사업자든, 대형 유통 업체든 간에 점포를 갖고 있어야 했다. 즉, 건물이 필요했다. 이는 토지와 건물, 인테리어가 소요되는 구조였던 것이다. (박종대, 2021) 따라서 초기 투자비용이 발생하고, 이를 회수할 명분으로서 유통 체계의 관리를 통한 영업 이익률을 높이는 구조였다. 그마저도 독과점 체계로 시장이 조정되는 경우가 나타나면 더 이상의 영업 활동은 어려운 구조가 된다. 왜냐하면 고정비에 대한 부담이 커지기 때문이다.

반면 온라인 플랫폼들의 등장은 PC와 스마트폰의 등장, 가격의 혁신을 통한 결제와 배송의 편의성에 기인한다. 이용자가 결제 후 바로 제품을 받지 않아도 더 저렴하게 제품을 구매할 수 있다는 점 때문에 꾸준한 성장 잠재력을 갖는다. 이는 전통적 지역 상권 및 대형 유통 업체도 붕괴시킬 정도의 강력한 영향력을 보여주고 있다. 2000년대 다나와(danawa)가 등장하면서, 용산 전자상가의 호시절은 끝났다고 생각했지만, 매장의 가격정보와 이용자의 실질 구매가 결합되면서 이용자의 합리적 소비가 등장하기 시작하였다. 이는 유통 시장의 헤게모니가 이용자 중심으로 바뀌었다고 할 수 있다. 이러한 경향이 2010년대 스마트폰의 등장과 함께 소비재 전 카테고리에 대한 온라인 플랫폼 시장의 확산으로 이어졌다. (박종대, 2021) 24시간 언제든지 쇼핑이 가능해졌고, 아이쇼핑이 가능해지면서 온라인 쇼핑에 머무는 시간이 증가되었다. 이는 소비의 촉진과 저가 구매의 폭을 넓혔다. 그러나 소상공인들에게는 이러한 시장 구조가 유통의 가격 경쟁을 촉발시킨 계기가 되어 추가 수익을 확보하는 것조차도 용이하지 않은 구조가 되었다.

그동안 정보의 비대칭성이라는 측면에서 유통 업체가 이용자의 구매에 관한 정보를 독점하고, 그에 따라 이용자가 소비하는 과정에서 자신이 선택할 수 있는 차원을 축소함으로써, 축소된 차원 내에서 구매가 이뤄지고, 그에 따른 마진을 형성하는 구조였다. 온라인 플랫폼이 등장하면서, 가격정보에 대한 비교가 가능해짐으로써, 브랜드와 유통 업체 그리고 이용자라는 기존의 밸류체인은 붕괴되었다고 볼 수 있다. 이로써 온라인 플랫폼들은 유통 시장 내에서 ICT기술을 접목해 유통단계의 축소와 가격정보의 현행화, 결제와 배송의 편리성을 제공함으로써 더 이상 이용자는 발품을 팔지 않아도 되는 시대가 되었다.

또한 온라인 플랫폼은 초기 투자비용이 건물 중심의 유통구조와는 현격하게 다르다. 이는 기업의 유형 자산의 규모만 키우는 기존 산업과 달리 온라인 플랫폼은 매장이 필요 없음으로 건물에 의존할 필요가 없다. 그렇기 때문에 유형 자산의 규모가 작다. 또한 ICT 기술을 통한 정보의 유통이므로, 별도의 콜센터 및 판매관리에 들어가는 비용들을 줄일 수 있는 장점을 갖추기 때문에 가격을 인하할 수 있는 요인이 생겨난

다. (박종대, 2021)

그런데 흥미로운 점은 온라인 플랫폼 사업자들이 마진에 대한 가정을 깬다는 것이다. 쿠팡과 같이 매출은 14조 원임에도 이익이 나지 않은 회사들이 많다는 점이다.[11] 즉, 제로 마진과 같은 새로운 유통 모델이 구축되고 있다는 것이다. 이렇게 되면서 기존의 도·소매를 중심으로 하는 소상공인 뿐 아니라, 오프라인 매장 중심의 대형 유통 업체마저도 온라인 플랫폼 중심의 유통 시장 구조로 수익성이 악화되는 것이다. 이는 매장의 철수뿐 아니라, 일자리의 불안정화를 일으키며 가계의 수익구조에도 영향을 줄 수 있는 상황을 만든다. 결론적으로 온라인 플랫폼과 유통 시장의 구조 변화는 합리적 소비를 증가시킴으로서 이용자의 혜택이 가장 컸다고 할 수 있을 것이다. 그러나 이러한 시장 구조의 변화는 지역 상권의 초토화를 불러왔다. 왜냐하면 온라인 플랫폼이 등장하면서 전통적 소매시장 산업구조를 갖는 소상공인 뿐 아니라 대규모 유통 체계를 갖춘 대형 유통 업체가 거대 온라인 플랫폼과 완전한 경쟁체계를 유지해야 하기 때문이다. 이미 지역의 웬만한 상권은 온라인 플랫폼의 가격경쟁에서 밀린 상태가 된지 오래고, 코로나19로 인해 더욱 어려움을 겪고 있는

11) 2020년 마켓컬리의 매출은 9,530억 원, 전년대비 124% 증가했으나, 영업 손실은 1,163억 원으로 확대되었다. 쿠팡은 2018년 영업 손실은 1조970억 원이었으나, 2020년 영업 손실 규모는 5,500억 원으로 크게 줄인 상태다. (박종대, 2021)

것이 현실이다. 대기업의 유통체인들은 온라인과 가격경쟁을 벌이면서도 오프라인 매장을 찾는 이용자들이 늘어날 계기를 꾸준히 만들어내고 있다. 또한 온라인 매장을 만들어 돌파구를 찾고자 하고 있다. 예를 들면 이마트의 ssg닷컴, 롯데의 롯데on 등이 그렇다. 그러나 소상공인들은 그럴 여력이 전혀 없기 때문에 온라인 플랫폼 시장으로 편입될 수밖에 없는 형국으로 가고 있다. 최근의 일부 매장들은 오직 온라인 플랫폼을 통한 영업을 하고, 매장은 배송의 전초기지로만 활용하는 경우들이 늘어나고 있다. 배달앱을 이용하는 음식점인 경우는 더더욱 그러한 경향이 많아지고 있다. 이 모든 상황을 만든 것은 온라인 플랫폼이다. 즉, 온라인 플랫폼 사업자들은 지역 상권을 온라인화 시켜, 대형 유통 업체를 뒤흔들고, 점진적 독점화 또는 독과점적 시장으로 산업의 구조를 바꾸고 있다. 여기서 지역 상권의 온라인화의 문제는 지역에서 발생하지 않는 매출로 인해 지역 경제의 위기를 불러올 수 있다는 차원에서 접근해야 할 필요가 있다. 이는 지방자치단체의 위기를 불러올 수도 있으므로, 전 사회적 차원에서 이러한 이슈를 점검해 볼 필요가 있다.

3) 소상공인 지역 상권과 온라인 플랫폼 내 지역 상권 : 디지털 트윈?

(1) 건물주와 소상공인 콜라보레이션(collaboration)?

소상공인의 지역 상권은 지역 거주지 또는 상업지역을 중심으로 교차로에서 가장 잘 보이는 건물 또는 대중교통의 요충지 인근 건물에 임대료를 내고 입점해 자신이 선택한 업종과 주 상품 등을 선택하고, 인테리어 등을 완료한 후, 상품 판매를 위한 영업을 개시한다. 이들은 대다수가 매월 임대료를 건물주에게 낸다. 매장은 대다수가 프랜차이즈 상점들이 주를 이룬다. 또한 프랜차이즈가 아닌 전문 소매업종 기반의 자영업자 상점들로 구성된 특징을 갖는다. 그 지역의 임대료는 그 지역 상권의 특수성을 나타내기도 한다. 물론 모든 임대료가 지역 상권의 특수성을 반영하는 것은 아니다. 하지만 임대료가 높은 지역은 기본적으로 우수한 접근성과 일별 유동인구의 수가 높으며, 매장 방문의 확률이 높아 일정 수준의 매출의 확보가 유용한 장소라는 의미다. 즉, 소상공인들은 건물주에게 이러한 입지의 특성에 따른 이점을 확보하는 데 있어서 임대료를 선 지급하는 구조라 할 수 있다. 또한 프랜차이즈 매장의 구성 역시 마찬가지다. 프랜차이즈[12]는 가맹본부로부터 상호, 상표 및 품질기준에 맞는 제품, 경영 노하우 등을 제공받아 특정 지역에서 일정 구간 혹은 거리를 두고 독과점적 영업권을 확보해 영업하고, 일정 수수료를 가맹본부에 내

는 사업 형태라 할 수 있다. (강일구, 2013, 7, 7)

정리하면, 지역의 소상공인 산업은 건물 임대료와 프랜차이즈 가맹사업 또는 전문 소매업종의 자영업을 기반으로 특정 업종에 대한 독과점적 입지의 선점과 유동인구 및 지역이 전통적으로 자리 잡고 있는 지리적 특성이 결합된 상권을 기반으로 사업을 영위한다. 특히 지역의 입지를 가장 잘 반영하는, 그 지역을 대표하는 건물의 입지가 갖는 중요성은 젠트리피케이션을 활성화하는데 가장 큰 영향을 미친다.

따라서, 건물주는 특정 지역을 대표하는 건물에 입점한 소상공인 점포에 대한 영향력을 행사한다. 또한 건물 임대료 인상 및 임대차 보호법과 관련한 법률 등을 토대로 한 반 시장적 결정을 내릴 수 있는 주도권을 갖게 된다. 또한 건물주는 건물에 입점한 점포들의 입장과 무관하게 건물의 매매 등으로 건물주가 변동되거나 개인에서 법인으로 변경되는 등의 변화가 느닷없이 나타나기도 한다. 그런 행위들은 지역 소상공인들에 대한 젠트리피케이션의 기본 출발점이라고 볼 수 있다. 또한 건물주들은 지역 주변의 임대료와 견주어 자신의 건물의 임대료를 맞출 수밖에 없는 구조다. 그리고 주차장의 단기 이용 및 월 이용요금에서부터 건물

---

12) 한국의 프랜차이즈 산업은 국가 GDP의 6.4%에 해당하는 매출 122조 원의 시장이다. 관련 산업 종사자는 133만 명으로 경제활동 인구의 4.7%에 해당한다. 가맹본부는 5,175개이며, 가맹점 수는 2020년 12월 기준으로 27만 개다. 해외로 진출한 프랜차이즈 기업은 361개이며, 세계 58개국에 진출해 있다. (한국프랜차이즈산업협회, 2021)

의 관리비, 임대료, 전기세가 관리비나 임대료와 별도로 지급해야 하는지의 여부 등도 주변 건물들과의 형평성, 건물의 입지 조건 등에 따라 차이는 발생할 수 있지만, 지역적 격차가 확연하게는 나타나지 않는다. 이 또한 젠트리피케이션을 추동하는 주요 원인 중 하나다. 마치 아파트 가격을 입주자 대표회의 등에서 부동산과 연계하여 담합하는 구조로서 운영되는 것과 마찬가지다. 건물의 임대료 구조도 시장의 상황과 맞물려 굉장히 빡빡하게 돌아간다. 결국 이 모든 비용의 구조를 만드는 것은 건물주가 소유한 건물의 입지 조건과 건물이 위치한 지역에서 전통적으로 형성되어온 상권의 특성이다. 그러나, 높은 임대료를 주고 입점했다 하더라도 소상공인의 매출 발생의 여부는 고려되지 않는다.

한편, 코로나19의 확산으로 임대료 지급이 어려워진 소상공인들이 많아지자, 착한 임대인들이 나타나기도 하고, 정부와 지자체들이 앞다퉈 '착한 임대인' 찾기에 나서며 정책적 지원을 하기 시작했다. 국세청은 정부 차원에서 '착한 임대인 세액 공제제도' 한시적으로 운영하기로 정하고, 2020년 2월 민생 · 경제 종합 대책 발표를 통해 '착한 임대인 세액공제' 도입을 천명했다. 1개월 뒤, 국세청은 조세특례제한법 제96조의 3에 '상가 임대료를 인하한 임대 사업자에 대한 과세특례'를 신설하였다. 이를 통해 2차례에 걸쳐 세액공제 기한을 연장해 현재까지는 2021년 12월까지다. 다만 기획재정부가 발표한 세법 개정안('21.7.26.)에는 2022년 6월까지 재연장되는 것으로 알려져 있는 상태다. 공제세액은 임대료 인하 액의 최대 70%를 소득 및 법인세에서 세액을 공제하도록 되어 있다. 이는 2020년 인하분의 50%에서 20% 상향된 조치다. 이에 따라 임대료 인하 직전의 임대차 계약에서 월 200만 원을 임대료로 받기로 한 임대사업자가, 소상공인과의 합의에 따라 월 임대료를 4개월 간 월 50만 원씩 총 200만 원을 인하하기로 했다면, 공제 대상 금액은 기존 임대료가 4개월에 800만 원이고, 인하한 임대료가 600만 원임으로, 공제 대상금액은 임대료 인하 액인 200만 원, 70% 공제율을 적용하여 공제대상 세액은 140만 원이 된다. (국세청, 2021)

코로나19라는 특수한 상황에서 나온 한시적인 정책이긴 하나, 정부, 지자체 및 건물주가 소상공인들과 상호 간 협력을 통한 상생을 추구한다는 점에서 제도 도입의 취지를 잘 생각해보고 장기적 관점에서 이러한 제도 운용과 도입의 문도 열어둬야 할 것이다.

(2) 대형 유통 업체와 소상공인의 콜라보레이션(collaboration)?

대형 유통 업체[13]들은 독특한 유통구조를 갖고 있다. 대형 유통 업체와 입점업체와의 계약조건에 따라 매장 입점 및 상품 구매 방식 등 유통거래 방식이 달라진다. (이재홍, 2017, 3, 21)

첫 번째 방식은 대형 유통 업체가 직접 판매 상품을 구매(직매입 판매)하고, 매장 (직매입 매장)을 개설하여 운영하는 방식이다. 이는 대형 유통 업체가 판매와 재고 등을 모두 책임지는 구조다. 이는 중소기업 등을 보호하기 위한 정책 중 하나이기도 하다. 실제 TV홈쇼핑 사업자들은 직매입의 비율을 사업자 재승인 과정에서 기업들이 제시한 성과지표와 최종적으로 제출한 결과를 토대로 재승인 평가항목 중 하나로 점수를 부여받는다. 이를 지키지 못할 경우, 과태료가 부과된다.

두 번째 방식은 대형 유통 업체가 상품을 납품하여 판매하고자 하는 사업자로부터 상품을 우선 매입해 판매(특정매입 판매)를 진행하고, 미판매 된 재고 상품들을 반품하는 거래 방식이다. 또한 이러한 제품을

13) 국내의 스타벅스는 모든 매장을 본사에서 직영점으로만 운영하며, 역세권 주변, 골목상권과 다소의 거리를 유지하며, 매장을 개점한다. 임대차 방식으로 보증금 및 고정 월세 또는 보증금 및 변동 월세(수수료 방식) 등 2가 있다. 수수료 방식은 임대료를 월간 순 매출의 일정 비율을 임대인에게 지급하는 방식이다(스타벅스, 2021). 스타벅스의 변동 수수료는 10~15%인 것으로 알려져 있다.

판매하기 위한 매장을 특정매입 판매 매장이라고 한다. 이는 상품의 재고를 대형 유통 업체가 책임지지 않고, 납품한 업체가 떠안게 된다는 점에서 중소기업 등이 이로 인해 어려움을 겪을 수도 있다는 한계가 있지만, 완판(完販)의 가능성이 없는 것도 아니다.

세 번째 방식은 대형 유통 업체가 임대료를 받고 공간을 임대하는 것이다. 임대 매장은 임대 '갑', 임대 '을'의 2가지 방식으로 나뉜다. 임대 '갑'의 경우, 판매 금액과 무관하게 공간사용료, 즉, 임대료만 대형 유통 업체에 지급하면 되는 방식이다. 이들은 주로 푸드코트 등의 식당가 등에 입점한 업체가 해당한다. 임대 '을'의 경우는, 낮은 임대료로 공간을 임대해주고, 대신 판매금액에 따른 수수료를 대형 유통 업체에 주는 방식이다. 이는 특정 판매 매장과 유사하지만, 낮은 임대료가 추가된다고 할 수 있다. 이러한 방식은 주로 세계적으로 유명한 명품매장들이 선호한다.

그렇다면 이러한 대형 유통 업체에 입점 또는 납품하는 업체 수는 얼마나 되는가. 공정거래위원회(2020)가 발표한 2020년 대형 유통 업체 실태조사 대상 브랜드 현황에 따르면, 백화점의 거래 납품 및 입점업체 수는 6개 브랜드 백화점이 운영 중인 87개 점포에 19,612개 업체가 거래 납품 · 입점하고 있는 것으로 나타났다. 이들의 순 매출액은 7조 6224억 원이다. TV 홈쇼핑의 경우, 7개 TV홈쇼핑 사업자에 거래 납품 · 입점업체 수는 4,234개였으며, 순 매출액은 3조 8626억 원이다. 대형마트의 경우, 5개 대형마트가 운영 중인 487개 점포에 16,435개 업체가 거래 납품 및 입점을 하고 있다. 순 매출액은 28조 8695억 원이다. 조사대상 온라인 쇼핑몰은 6개 사업자다. 거래 납품 · 입점업체 수는 100,985개였다. 순 매출액은 8조 5758억 원이다. 쿠팡의 순 매출액은 6개 사업자의 83.3%를 점유하고 있다. 조사대상인 5개의 아울렛 및 복합쇼핑몰은 56개 점포에 거래 납품 · 입점업체 수는 7,240개이며, 순 매출액은 1조 7819억 원이다. 편의점의 경우, 5개 사업자가 45,025개 점포를 운영하고 있으며, 거래 납품 및 입점업체는 3,132개다. 또한 순 매출액은 20조 2788억 원이다.

문제는 이러한 대형 유통 업체와 거래하거나 입점한 점포들 대다수가 소상공인이 많다는 점이다. 코로나19는 대형 유통 업체에 입점한 소상공인들에게 심각한 영향을 주었다.

2020년 11월 전국경제인연합회가 서울과 경기 지역 대형마트 내 150개 임대매장을 대상으로 한 조사에 따르면, 이들 매장의 98.7%는 5인 미만의 소상공인들이 운영하는 매장으로 나타났으며, 주로 음식점, 빵집, 미용실 및 세차장 등이었다. 이들 점포의 88%는 2명 이하로 운영하고 있었다. 대부분이 1~2명이 운영하는 영세 소상공인이라는 의미다. 임대 매장의 영업 기간은 5년 미만이 82%, 5년 이상인 경우는 18%에 불과했다. 대부분 5년 이내에 대형마트 임대매장의 소상공인은 교체된다고 볼 수 있다. 코로나19로 인해 응답자 전부가 2020년 상반기 매출이 평균 37.3% 감소했으며, 2020년 하반기에도 감소할 것이라고 응답

했다. 또한 매출 감소 대응으로는 54.4%가 일상경비의 축소, 종업원 해고(32.2%), 임금 축소(7.8%) 등을 대안으로 보았다.

이처럼 코로나19는 대형마트 내 입점한 소상공인 및 상시 근로자 모두에게 영향을 주었다. (이소아, 2020, 11, 3)

〈표 8〉. 2020년 대형 유통 업체 실태조사 대상 브랜드 현황

(단위: 개, 백만 원)

유통업태	유통브랜드	점포 수	거래 납품·입점업자 수[14)]	순매출액
백화점 (6)	롯데백화점	34	6,482	2,579,508
	신세계백화점	11	3,352	1,868,750
	현대백화점	15	4,607	1,663,265
	NC백화점	18	2,192	733,340
	갤러리아	5	1,843	465,136
	에이케이플라자	4	1,136	312,419
	소 계	87	19,612	7,622,418

* 출처 : 공정거래위원회 (2020). 2020년 대형 유통 업체 유통거래 실태조사.

14) 임대 갑 거래 업체는 제외. 임대 갑 거래 업체는 백화점 등 푸드코트 등에 입점하여 임대료만 내는 업체를 말한다. (공정거래위원회, 2020)

유통업태	유통브랜드	점포 수	거래 납품·입점업자 수[14]	순매출액
TV홈쇼핑 (7)	CJ오쇼핑		641	1,029,080
	현대홈쇼핑		501	773,914
	롯데홈쇼핑		570	699,965
	GS SHOP		485	568,865
	NS홈쇼핑		472	330,730
	홈앤쇼핑		960	323,622
	공영쇼핑		605	136,460
	소 계		**4,234**	**3,862,636**
대형마트 (5)	이마트	158	3,172	12,753,985
	홈플러스	140	4,608	5,972,701
	롯데마트	125	3,712	4,679,542
	코스트코	16	766	4,084,859
	하나로 마트	농협유통	22	509
		농협하나로유통	26	3,578
	소 계	**487**	**16,345**	**28,869,529**
온라인 쇼핑몰 (6)	쿠팡		9,990	7,140,720
	에스에스지닷컴		9,220	736,309
	위메프		41,377	286,309
	티몬		27,119	244,785
	GS SHOP		8,284	121,244
	롯데아이몰		4,995	46,470
	소 계		**100,985**	**8,575,837**

유통업태	유통브랜드		점포 수	거래 납품·입점업자 수[14]	순매출액
아울렛/복합쇼핑몰(5)	아울렛	뉴코아아울렛	17	1,804	685,372
		롯데아울렛	23	2,588	555,076
		현대아울렛	6	1,521	167,581
		신세계프리미엄아울렛	4	461	139,458
	복합쇼핑몰	스타필드(시티)	6	866	234,442
	소 계		56	7,240	1,781,929
편의점(5)	GS25		13,918	1,014	8,556,134
	CU		13,877	538	5,610,845
	세븐일레븐		10,016	525	3,794,022
	이마트24		4,610	546	1,322,490
	미니스톱		2,603	509	995,337
	소 계		45,024	3,132	20,278,828

* 출처 : 공정거래위원회 (2020). 2020년 대형 유통 업체 유통거래 실태조사. 재정리

대형 유통 업체가 직접 매입해 판매하는 상품이 아니라면, 대형마트에 입점한 소상공인은 제품 판매 금액의 일정 부분을 판매 수수료로 지급해야 한다. 판매 수수료는 크게 대형 유통 업체와 입점업체 간 계약서에 명시된 판매 수수료의 산술 평균값인 명목 수수료(율)와 대형 유통 업체가 업체로부터 실제 집행한 수수료 등을 상품 판매 총액으로 나눈 값을

의미하는 실질 수수료(율)로 구분할 수 있으며, 소상공인들은 실질 수수료율에 따라 판매 수수료를 지급한다. (공정거래위원회, 2020)

명목 수수료(율)는 상품 판매 금액의 일정 비율(%)을 판매수수료로 지급하는 정률 수수료율, TV홈쇼핑과 같은 방송 시간에 따른 일정 금액을 판매수수료로 책정하는 정액 수수료(60분 기준)가 있으며, 정률 수수료와 정액 수수료를 혼합하여 지불하는 혼합 수수료(율), 또한 정률 수수료와 정액 수수료 중 큰 금액이 부과되는 혼합(M)수수료율이 있다. (공정거래위원회, 2020)

이는 빅테크 기업들이 흔히 사용하는 미니멈게런티(Minimum Guarantee, MG)와 같이 최저 수수료를 보장하는 판매수수료 개념이라고 할 수 있다.

이에 따라, 대형 유통 업체들의 2019년 판매 수수료는 아래 〈표 9〉와 같다. TV 홈쇼핑은 정률 수수료율이 33.9%, 실질 수수료율은 29.1%로서 4.1%의 차이가 있다.

백화점의 정률 수수료율은 26.3%, 실질 수수료율은 21.1%로서 판매 수수료율이 계약서에 명시된 금액보다 5.2% 저렴하게 부과됐다. 대형마트는 정률 수수료율이 20.0%이며, 실질 수수료율은 19.4%로 계약서에 근거한 정률 수수료율에 거의 근접하였다.

아울렛 및 복합 쇼핑몰의 정률 수수료율은 18%, 실질 수수료율은 14%로 계약한 판매 수수료 비율보다 4% 낮게 나왔다. 한편, 오픈마켓 형태의 온라인 쇼핑몰은 판매 수수료가 정률 수수료율은 13.6%이며, 실질 수수료율은 9%로 나타났다. 이는 명시된 판매 수수료보다 4.6% 낮게 부과되었다. (공정거래위원회, 2020)

이외에도 임대료, 판매 장려금[15], 판매 촉진비, 물류 배송비[16], 서버 이용비[17], 인테리어비, 반품[18], 브랜드 광고 등의 비용 등이 추가적으로 부과된다.

---

15) 판매 장려금은 유통업체의 판매 노력에 대한 납품업체의 대가성 부담금의 성격이나, 유통업체들은 납품 대금 대비 일정 비율을 받기도 한다. (이윤구, 2013. 10. 7)

16) 납품업체에서 물류비를 부담하거나, 납품 거래금액 대비 납품업체가 물류비를 내는 등의 구조다. (공정거래위원회, 2020)

17) 서버 이용비를 납품업체가 부담하거나, 거래 금액 대비 서버 이용비를 대형 유통 업체에 지급하는 경우다. (공정거래위원회, 2020)

18) 반품은 일반적으로 법률상 허용되는 상품 하자, 납품업체의 자발적 요청 등에 의한 반품이 포함된다. 2020년, 대형 유통업체 (편의점, 대형마트, 온라인 몰, 백화점, 아울렛, TV홈쇼핑)의 유통거래 중 반품금액을 부담한 납품업체는 약 13.1%였다. (공정거래위원회, 2020)

〈표 9〉. 2019년 기준, 대형 유통 업체의 판매수수료 현황

(단위: %, 천 원)

유통업태	명목수수료(율)									실질 수수료율
	정률수수료율				정액 수수료 금액[19] (60분)	혼합수수료(율)		혼합(M)수수료(율)		
		특약 매입	위수탁	임대율		정률	정액[20] (60분)	정률	정액[21] (1개월)	
TV홈쇼핑	33.9				82,223	26.9	67,592			29.1
백 화 점	26.3	26.9		19.3				18.0	14,252	21.1
대형마트	20.0	21.8	18.1	19.0				16.7	3,206	19.4
아 울 렛/ 복합쇼핑몰	18.0	22.1		15.6				15.8	13,154	14.4
온 라 인 쇼 핑 몰	13.6	13.8	13.6							9.0

* 출처 : 공정거래위원회 (2020). 2020년 대형 유통 업체 유통거래 실태조사. 재정리

19) 정액 수수료는 상품 판매액에 관계없이 일정 금액을 부과하는 판매 수수료(공정거래위원회, 2020에서 재인용)

20) 혼합수수료의 정액 수수료 금액: 혼합수수료 중에서 정액 수수료 부분에 해당하는 수수료로서, 60분 방송분량 기준의 금액 (공정거래위원회, 2020에서 재인용)

21) 혼합(M)수수료의 정액 수수료 금액: 혼합(M)수수료 중에서 정액 수수료 부분에 해당하는 수수료로서, 매장 임대 1개월 기준의 금액 (공정거래위원회, 2020에서 재인용)

아래 〈표 10〉은 대형 유통 업체의 정액 수수료율을 표로 나타낸 것이다(공정거래위원회, 2020). TV홈쇼핑의 경우, 전체 업종 중 여성 의류인 진/유니섹스가 41.1%, 여성 캐주얼이 39.8%, 남성 캐주얼 38.4%, 스포츠용품 38.9%, 화장품이 38.3%로 높게 나타났다.

백화점의 경우, 남성 의류 중 셔츠/넥타이가 33.7%로 가장 높은 정률 수수료율로 나타났다. 그 외에도 남성의류는 남성 캐주얼 30.3%, 남성 정장 30%의 수수료를 책정한 것으로 나타났다. 남성 제품이 수수료율이 높다고 하겠다. 그 외에도 여성 정장(30.1%), 진/유니섹스(30.3%), 가구/인테리어가 29.9% 등으로 나타났다.

대형마트의 경우, 신선식품 수수료율이 14.7%로 가장 낮았으며, 여성 속옷, 모피가 29.9%로 가장 높았다. 레저용품이 26.4%, 아동/유아용품이 25.6% 등도 높게 나타났다.

아울렛/복합쇼핑몰은 건강용품(29.2%)이 수수료율이 가장 높았고, 건강식품 24.6%, 신선식품 23.6%, 가구/인테리어 22.1% 등으로 나타났다.

온라인 쇼핑몰의 경우, 해외 명품의 수수료가 17.9%로 높았다. 그리고 가공식품이 10.9%의 수수료율로서 가장 낮았다.

이들 대형 유통 업체들의 경우, TV홈쇼핑은 평균 33%대의 수수료율을 나타냈으며, 이는 온라인쇼핑몰의 평균 수수료율보다 2.5배 높은 수준이다. 백화점은 온라인 쇼핑몰의 약 1.8배 정도의 수수료율이 높았다. 대형마트는 온라인쇼핑몰보다 약 0.5배 정도 높았으며, 아울렛/복합쇼핑몰은 온라인쇼핑몰에 비해 약 0.4배 정도 높았다.

결과적으로 대형 유통 업체들 간 정액 수수료율은 TV홈쇼핑〉백화점〉대형마트〉아울렛/복합쇼핑몰〉온라인쇼핑몰 순으로 수수료율 차이가 나타난다고 볼 수 있다. 즉, 온라인쇼핑몰로 이용자의 쏠림 현상은 지속될 가능성이 높고, 온라인 중심으로 상권이 형성될 수밖에 없는 구조는 더욱 가속화될 것으로 보인다.

〈표 10〉. 대형 유통 업체의 업종별 정률수수료율

중분류	소분류	정률수수료율(%)				
		TV홈쇼핑	백화점	대형마트	아울렛/복합쇼핑몰	온라인쇼핑몰
일반식품	신선식품	23.8	19.6	14.7	23.6	12.6
	가공식품	26.9	21.5	18.3	15.5	10.9
	즉석식품	23.0	20.3	17.1	16.6	14.5
건강식품	건강식품	36.0	28.1	20.9	24.6	15.0
가정생활	건강용품	33.8	28.0	17.6	29.2	13.3
	생활용품	29.3	24.5	19.2	12.4	13.0
	주방용품	33.2	29.7	20.0	17.3	18.2
	욕실/위생용품	35.7	20.6	20.9	14.7	12.5
	가구/인테리어	31.3	29.9	18.9	22.1	13.9

여성의류	여 성 정 장	38.0	30.1	22.9	19.7	13.5
	여성 캐주얼	39.8	29.9	22.4	18.3	15.1
	속 옷/모 피	35.9	29.8	29.9	19.6	13.2
	진/유니섹스	41.1	30.3	21.3	18.9	15.2
남성의류	남 성 정 장	36.5	30.0	20.8	18.4	15.0
	남성 캐주얼	38.4	30.3	22.5	17.3	15.4
	셔츠/넥타이	26.9	33.7	23.7	21.3	17.4
아동유아	아동/유아용품	31.3	29.8	25.6	19.7	14.8
문 화	문구/완구/애완	29.1	20.4	23.2	14.6	12.6
	도서/음반/악기	33.1	12.7	17.3	11.5	11.6
스 포 츠 레 저	스포츠 용품	38.9	29.2	19.4	17.1	13.9
	레 저 용 품	32.4	29.6	26.4	18.9	12.4
잡 화	잡 화	36.6	29.9	22.5	18.6	14.7
	보석/액세서리	30.0	25.0	20.4	20.1	12.9
가전 디지털	대 형 가 전	31.4	13.1	12.5	10.8	11.9
	소 형 가 전	34.2	20.2	17.6	16.1	12.2
	디지털 기기	29.0	14.5	20.5	17.6	12.8
이미용품	화 장 품	38.3	28.3	20.3	20.9	13.1
	이 미 용 품	38.1	20.4	16.1	15.8	15.1
해외명품	해 외 명 품	34.2	20.8		11.2	17.9
평균(%)		33.32	25.18	20.46	18.01	13.95

* 출처 : 공정거래위원회 (2020). 2020년 대형 유통 업체 유통거래 실태조사. 재인용

(3) 온라인 플랫폼과 소상공인 콜라보레이션(collaboration)?

소상공인은 로컬 마켓에서 유동인구 유입 수, 소비자 선호 상품 또는 서비스인지의 여부, 매장 방문의 편의성, 일정 수준의 매출 확보가 용이한 입지 조건을 선택한다. 흔히 '목 좋은 공간'을 임대하고 사업을 영위한다. 목이 좋은 공간은 임대료가 높고, 임대료를 더 많이 내는 대신 영업과 매출의 기반이 되는 다수의 조건을 선점하는 효과를 갖는다.

반대로 온라인 플랫폼은 네트워크 효과[22)]를 기반으로 한다. 많은 이용자가 플랫폼 내에서 상품 또는 서비스를 이용할수록, 추가적인 이용자의 유입이 지속되면서 플랫폼을 이용하는 사람들과 기업에는 서비스 이용 증가에 따른 효용 가치가 높아지는 혜택을 주게 된다. 온라인 플랫폼이 무료 서비스를 지향하며 끊임없이 이용자 유치에 사활을 걸 수밖에 없는 이유다. 또한 이용자만 유치하고자 하는 것은 아니다. 더 많은 기

22) 네트워크 효과란 특정 제품 또는 서비스 이용에 따른 소비자 증가가 계속될수록, 그 효용도 증가한다는 것을 의미한다. 이러한 서비스들로는 전화 서비스, 케이블방송, SNS, 오픈 마켓, 숙박 공유, 검색 엔진 등이 있다(김동주, 2020). 카카오톡 메신저를 사용하는 사람이 늘어나면 늘어날수록 새로운 기능 등이 추가로 개발됨으로써, 우리는 더 많은 유용성을 느낄 수 있게 된다는 것을 의미한다. 또한 이는 규모의 경제를 촉진하기 때문에 이용자가 누릴 수 있는 혜택이 증가하게 되며, 가격 인하 등의 효과가 발생한다. 하지만, 규모의 경제는 합병의 정당성을 옹호하기 위해 주로 사용되는 개념이기도 하다(현암사법전부, 2021). 또한 새로운 경쟁자가 등장하지 않을 경우, 반독점적(antitrust) 상황으로 이어질 수 있다. 이 때문에 빅테크 사업자들은 반독점적 상황에 노출되기 용이해진다.

업, 소상공인들이 자사 플랫폼에 입점하기를 바란다. 다만 품질이 보장되고 서비스가 보장된 기업 또는 개인사업자들을 허용하고자 한다. 그렇기 때문에 특정 사업에 진출을 희망할 때 기존에 해당 사업을 플랫폼을 통해서 사업화를 하고 있거나 사업화된 '스타트업'을 인수합병 하는 등의 일들이 발생한다.

이러한 경향은 국내 기업들에 국한된 것은 아니다. 구글, 애플, 페이스북, 아마존으로 불리는 'GAFA' 역시 기술력을 갖고 있는 스타트업을 인수·합병함으로서 기술력 기반의 새로운 생태계를 조성한다. (Tanaka, M., 2020/2021)

〈표 11〉. GAFA의 인수합병(M&A) 실적

기업명	기간(년.월)	매수 건수	매수금액(건수대비)
구글(Google)	2001.02–2019.08	231개사	322억 달러(53건)
애플(Apple)	1998.03–2019.09	105개사	89억달러(38건)
페이스북(Facebook)	2005.08–2019.12	82개사	243억 달러(25건)
아마존(Amazon)	1998.02–2018.09	101개사	238억 달러(36건)
총 계		519개사	892억 달러(152건)

* 출처 : Tanaka, M. (2020/2021). p.17을 토대로 저자가 재정리

하지만, 온라인 플랫폼에서 소상공인들의 영업 또는 플랫폼 이용

을 위한 진입 장벽은 그렇게 높다고는 볼 수 없다. 다양한 상품과 소재, 저렴하고 고가인 가격대가 동시에 노출돼도, 각 상품 및 서비스는 다양한 이용자들의 선호를 맞춰줄 수 있기 때문이다. 그러나, 이러한 온라인 플랫폼 시장에 진출하는 소상공인 또는 중소기업 등은 지역 로컬 상권처럼 초기에 임대료를 내고 목이 좋은 입지를 선점할 수 없다는 단점이 있다. 물론 상품이나 서비스에 대한 이용자의 충성도가 온라인까지 이어지는 경우가 다반사지만, 이는 일부 제품들에 한정된다. 따라서 중소기업 및 소상공인들은 온라인 플랫폼상에서 무한 경쟁의 체제에 빠지게 된다.

지역 로컬에서 이미 유명했거나, 뜨는 사업자라면 구전 또는 온라인 마케팅 등을 통해 오프라인 매장의 영향력을 온라인으로 흡수할 수도 있지만, 그렇게 되는 데까지는 쉬운 일이 아니다. 왜냐하면 로컬 상권에서는 제한경쟁의 효과로 인해, '그들 중 하나(one of them)'로서 지역 내에서 승자의 자격이 누릴 수 있지만, 온라인을 통해서는 전혀 다른 경쟁의 체계를 만나게 된다. 즉, 특정 플랫폼에 종속된 소상공인은 온라인 지형 안의 지역 상권을 마주하게 되는데, 이때 기존의 고객 외에 새로운 이용자들을 어떠한 과정을 거쳐 매장 이용을 설득할지가 관건이 된다.

흔히 빅테크 기업이 운영하는 플랫폼 내에서 새롭게 입점한 소상공인들은 지역 상권에서 임대료 지급을 통해 선점할 수 있었던 조건은 무용지물이 된다. 따라서 배달앱 등과 같은 무한 경쟁 체제의 플랫폼 내에서는 이용자의 선택을 받기 위한 치열한 마케팅 전이 펼쳐진다. 흔히 '깃발

꽂기' 전략에 따라 매일의 매출이 달라지고, 본인 매장이 어느 페이지에 위치하는가에 따라 상품 판매의 실적이 달라진다. 따라서 이러한 자리를 선점하기 위해서 프리미엄 광고를 하거나, 울트라 콜[23]이라는 상품 등에 가입하는 구조가 형성된다. 즉, 이러한 광고 모델은 빅테크 기업들이 만든 광고 상품이긴 하지만, 사실상 지역 상권에서 볼 때는 임대료와 간판 설치비 등이 포함된 개념이라고 볼 수 있다. 더 많은 임대료를 낸 사업자가 더 좋은 위치에 간판(광고판)을 설치하고, 더 많은 유동인구와 입지적 특혜를 얻게 된다는 점에서 그렇다.

하지만, 임대료가 높은 지역에 매장을 냈다고 해서 꼭 매출이 보장되지 않듯이, 이러한 온라인 광고 역시 매출과 반드시 연동되는 것은 아니다. 그리고 더 많은 깃발을 꽂은 매장이 상단에 노출됨으로써 깃발을 많이 꽂지 못한 매장들은 자연스럽게 상단이 아닌 다른 페이지로 넘어가서 노출되거나, 어디에 있는지를 보려면 정확한 매장명 등을 검색해 찾아내는 모양새가 될 것이다.

23) 배달의민족이 운영하는 광고 시스템이다. '울트라 콜'은 배달의민족에 등록한 소상공인이 광고를 희망하는 지역에 정하고, 광고비를 지불하면 '깃발'을 꽂아주는 시스템이다. 깃발 하나당 가격은 월 8만 8천원이며, 깃발 개수 제한은 없다. 깃발을 꽂으면 해당 지역 이용자들의 앱 기본 순서 정렬에서 상단에 노출될 확률이 높아진다. 이는 매출 증가에 영향을 줄 수 있다. 다른 가게들은 누가 어디에 깃발을 꽂았는지 알 수 없다. 그런데 이용자들은 거리가 먼 곳이더라도 깃발을 꽂은 가게를 통해 주문할 가능성이 높아진다. (이은영 · 이신혜, 2021. 5. 10) 서울 · 경기 · 광역시에서 깃발을 꽂으면, 치킨업체는 반경 1.5km, 분식 · 한식 · 중식은 반경 2km, 그 외 업종은 반경 3km 이내의 고객에게 노출된다. 따라서, 반경 2km 내 치킨 주문 손님에 접근하려면 매장에서 500m 더 떨어진 곳에 깃발 하나를 더 꽂으면 주문을 받을 수 있게 된다. 또한 배달의민족은 오픈 리스트, 배민 오더 등의 광고 상품도 판매한다. (박정훈, 2020)

배달의 민족 광고 상품인 '깃발' 그 자체는 좋은 수익 모델이다. 다만, 이 '깃발'을 얼마나 더 많이 꽂는가에 따라 해당 지역의 상단 노출이 결정되므로, 많은 깃발을 꽂지 못한 매장들은 자연스럽게 일종의 '축출'(신현방, 2017)되는 구조가 된다.

이는 지역 상권에서 흔히 일어나는 젠트리피케이션이 온라인상에서는 상단 페이지 노출 여부를 정하는 구조로서 나타난다고 볼 수 있다. 그리고 배달 플랫폼 사업자들은 '쿠폰 뿌리기'를 통해 고객들에 대한 고착화(lock-in)을 강화함으로써, 생태계에서 독점적 지위를 획득하고자 노력한다. 그렇게 되면 다른 어플리케이션 등을 다운로드 해야 하는 귀찮은 행동을 하지 않아도 된다. (박정훈, 2020)

이는 마치 강남역, 홍대, 이태원, 망원역 등 주요 상권마다 동일한 건물주가 동일 사업을 행하는 것과 마찬가지다. 그렇게 되면 플랫폼 기업들은 독점적 지위, 이용자의 고착화, 개인정보의 수집 등을 통해 기업 가치를 높일 수 있게 된다. (박정훈, 2020)

〈표 12〉. 온라인 및 오프라인 플랫폼의 유형별 특성

구분	오프라인 플랫폼	온·오프라인 겸영 플랫폼	온라인 플랫폼
매장 유형	소상공인[24]의 도 · 소매점포	대규모점포 및 대형 유통 업체 플랫폼[25]	플랫폼 가입자 기반의 빅테크 기업 플랫폼
주요 거점	도심지 및 거주지의 도 · 소매 상권, 전통시장 등	교통요충지, 인구 밀집거주지 및 도심 외곽 등[26] * 웹사이트 및 모바일 어플리케이션 병행	회원 수 기반의 웹사이트 또는 모바일 어플리케이션
주 이용층	점포 인근 주민 등 소수의 외지인	매장 인근 주민 및 불특정 다수의 외지인 누구나	웹사이트 또는 어플리케이션을 통해 온라인 매장(몰)을 방문한 누구나
점포 구성의 특징	개인 운영 매장 또는 대 · 중 · 소기업의 프랜차이즈 매장	제품생산 기업이 다수, 입점한 프랜차이즈 또는 개인 운영 매장[27]	입점한 도 · 소매 업종 개인사업자, 프랜차이즈 및 제품생산 기업 등
주요 업체	꽃배달, 간식, 샐러드, 한식, 중식, 헤어, 분식점 등	백화점, 대형마트, 아울렛 및 복합 쇼핑몰 등	오픈마켓, 가격비교사이트, 메신저앱, 배달앱, 숙박앱, 택시호출, 헤어 앱 등
수수료 유형	임대료, 인건비, 재료비, 세금, 공과금, 전단지 제작비, POS 사용료, 인터넷사용료 등 * 프랜차이즈의 경우, 가맹비, 판매수수료, 홍보비, 인테리어 비용 등	임대료, 판매수수료, 판매장려금, 판매촉진비, 물류배송비, 서버이용비, 인테리어비, 반품[28], 브랜드 광고 등	* 가격비교사이트 등 입점방식에 따라 입점료 유무가 다르며, 결제 및 노출수료가 부과되는 특성 (1) CPC입점은 입점료 없이 클릭당 수수료, (2) CPS입점은 월 입점료와 판매 당 수수료, (3) 광고전용 입점은 입점료 없으나 광고배너 클릭당 수수료 부과 유형 * 오픈마켓 등 입점비, CPC 및 CPS, 검색 및 배너 광고 등의 비용 등, 판매장려금[29], 정기배송고객 상품가격할인, 서버이용비, 콘텐츠제작 비용, 물류배송비[30], 반품 등 * 모바일 어플리케이션 등 입점방식에 따라 입점료 유무가 다르며, 결제 및 노출 수수료가 부과되는 특성
선택 영향	역세권, 슬세권, 편세권 등	몰세권, 스세권, 팍세권 등	SNS서비스, 인플루언서, 커뮤니티추천, 고객리뷰 지인추천 등
폐점 영향	임대료, 유사업종 간 경쟁, 매출 및 인테리어비 등	판매수수료, 입점료, 판매량 및 매출	판매수수료, 덤핑판매, 판매량, 광고비, 입점료 등

24) 중소기업기본법 제2조 2항에 따른 소기업, 소상공인 기본법에서 정한 소상공인의 범위는 광업, 제조업, 건설업 및 운수업은 상시 근로자 수가 10인 미만, 그 외의 업종은 5명 미만 업종에 해당하는 것을 말한다. (국가법령정보센터, 2021)

25) 유통산업 발전법 제2조 3항에 따라 대규모 점포는 매장면적 합계가 3천 제곱미터 이상이며, 하나 이상의 연접한 건물 내에 하나 또는 여러 개로 나뉜 매장이 설치되어 있고, 상시 운영되는 기준을 충족한 점포들의 집단이다. 대형마트, 백화점, 복합 쇼핑몰 등이 해당된다. 또한 준 대규모 점포는 대규 모점포 또는 그 계열회사가 운영하는 직영점 등의 점포를 말한다. 또한 법 제8조 1항에 의해, 대규모 점포를 개설하거나 전통상업 보존구역 내 대규모 점포 개설 시, 기존 상권에 미치는 영향에 대한 평가서, 지역사회에 대한 협력계획서 등을 지자체장 등에 등록하도록 되어 있다. (법제처, 2018) 대형 유통 업체는 공정거래위원회가 유통거래 실태조사의 범주 속에 온라인 쇼핑몰인 쿠팡, SSG닷컴, 위메프, 티몬, GS SHOP, 롯데아이몰 등도 포함시켰으나(공정거래위원회, 2020) 이 책에서는 이 같은 온라인 쇼핑몰은 '온라인 플랫폼'으로 유형에 포함되는 것으로 정의하였다. 왜냐하면 오프라인과 온라인 유통 체계는 기술혁신에 근거하여 작동되는 형태는 유사하나, 인터넷 고유의 특성을 연계한 고착화(lock-in) 형태가 다르고, 온라인 플랫폼들이 갖는 파급력이 워낙 강해지는 추세이므로 이에 대한 명확한 분류가 필요할 것으로 보이기 때문이다. 다만, 대형마트 등의 온라인 유통 체계는 온라인 플랫폼으로 볼 순 없기 때문이다.

26) 전통상권 보존구역 인근 또는 무관 지역 등을 포함한다.

27) 본사, 총판, 벤더사, 라이선스사, 병행 수입사 등의 업체들이 주로 입점하는 형태다. 다만, 개인의 경우는 분식류로 볼 수 있는 옥수수나 떡볶이, 호떡 등의 판매 매장이라 하겠다.

28) 반품은 일반적으로 법률상 허용되는 상품 하자, 납품업체의 자발적 요청 등에 의한 반품이 포함된다. 2020년, 대형 유통업체(편의점, 대형마트, 온라인 몰, 백화점, 아울렛, TV 홈쇼핑)의 유통거래 중 반품 금액을 부담한 납품업체는 약 13.1%였다. (공정거래위원회, 2020)

29) 판매 장려금을 부담한 납품업체의 비율은 티몬이 14.1%, 쿠팡은 12.3%였다. (공정거래위원회, 2020)

30) 쿠팡은 12.3%의 납품업체에 판매 장려금을 부담시켰다. (공정거래위원회, 2020).

02
온라인 플랫폼과 소상공인 간의 상생을 위한 전략적 방안

코로나19로 인해 전통적으로 형성되어 왔던 도심지와 주거지역의 상권 기반의 소매시장의 붕괴는 소상공인의 비율이 상당히 높은 국내 시장 경제 환경을 위협하고 있다.

이러한 근본적 문제를 해결하기 위한 방안으로서 온라인 플랫폼 산업과 전통적 상권 지역에서 터를 갈고 버텨온 소상공인들 간 상생을 위한 전략적 방안 도출이 필요하다. 온라인 플랫폼 산업은 혁신을 통해 4차 산업혁명을 선도하고 있다. 코로나19 이후 소상공인 영역은 IMF 당시만큼이나 어려움에 처한 상황에 놓여 있다. 이를 타개할 묘책이 될 순 없겠지만, 소상공인을 위한 제도적 방편들을 제시해 보고자 한다.

1) 구글 플랫폼 갑질 방지법과
국내 온라인 플랫폼 사업자의 수수료 논란

구글 및 애플스토어의 인앱 결제 과정에서 높은 수수료는 국내 스타트업 및 빅테크 기업에게 막대한 부담을 준다 하여 작년부터 논란이 지속되고 있다. 구글은 2021년 10월부터 인앱 결제 수수료를 30%까지 인상한다고 했다가, 법 제도의 변경 및 논란이 지속되자 15% 수준으로 수수료를 내리는 등 눈치 보기를 지속하고 있다. 이에 올해 구글 갑질 방지법으로 불리는 법안도 국회를 통과했다.

국내 빅테크 기업들은 그럼 어떨까? 서두에서 논의한 바와 같이, 대형 유통 업체들의 유통 관련 입점료 및 판매 수수료가 업종별로 많게는 40%에 육박하기도 한다. 오픈마켓의 경우, 대형 유통 업체의 판매 수수료 대비 1/3 수준의 수수료를 받고 있는 것으로 나타난다. 다만, 빅테크 기업들이 전문적인 판매 사업을 영위하는 특정 사업자들에게 부과하는 각종 수수료 역시 20% 내외를 기록하고 있다. 이런 점에서 볼 때, 국내 소상공인 등에 대한 수수료는 과다하지만, 구글 등 해외 사업자 등의 인앱 결제 수수료만 높다며 법 개정 등을 적극적으로 추진하는 것은 국내 소상공인 사업자들에 대한 역차별적 행위이다. 빅테크 기업들은 높은 수수료를 자국의 소상공인에게 부과하면서, 자사 기업들이 세계적인 빅테크 기업에게 제공하는 수수료는 부당하다고 보는 것도 문제다. 글로벌 빅테크 기업의 인앱 결제 수수료가 높기 때문에 부득이하게 국내 빅테크 기업 또는 스타트업도 자국의 소상공인에게 수수료를 높이 받을 수밖에 없다고 할 수 있다. 하지만, 이는 역차별 논란의 소지가 다분하다. 따라서, 빅테크 기업들의 각종 혁신적 서비스에 따른 수수료에 대한 사회적 논의를 통해 상생의 차원에서 합리적 대안을 마련해야 할 필요가 있다.

2) 지역 민생경제 모니터링을 위한 데이터 기반의 단일 플랫폼 개발 및 운용

오창화 · 이영주(2020)는 지역의 민생경제 모니터링을 위한 체감 지표 개발을 위해 치킨집 개 · 폐업 데이터를 분석해 치킨집 개 · 폐업에 대한 지역별 특성을 밝혔다. 2019년 전국적으로 치킨집 업종에 대하여 개업 및 폐업 수, 인구대비 업체 수 등을 지역 간 비교해, 도시 지역의 구도심은 치열한 경쟁과 도태의 길을 걷고 있으며, 신도시는 치킨집이 부족하여 성장 가능성이 있고, 지방 주소 도시는 도태되거나 쇠퇴하여간다고 분석했다. 이를 토대로 치킨집 개 · 폐업 뿐 아니라 국민이 체감할 수 있는 지역 민생 경제 지표를 발굴/활용해 모니터링의 필요성을 언급하며, 소상공인과 자영업의 생멸 데이터를 활용해 지역 맞춤형 경제 활성화 전략 설계 및 정부 차원의 정책적 지원방안 마련이 필요하다고 주장했다. (오창화 · 이영주, 2020)

3) 카카오, 네이버, 쿠팡 등과 소상공인을 위한 데이터 제공 기반의 공익 재단 설립

데이터 기반의 사업은 21세기의 유전을 발굴한 것과 같다는 이야기들이 많다. 그러나, 유전개발은 언젠가는 멈출 것이다. 하지만, 국가가 존재하는 한 지역 경제는 무한할 것이다. 그렇다면 한 국가, 지역에서 발생하게 되는 데이터 역시 무한한 가능성을 갖게 된다. 그리고 국가 또는 지역 경제의 생존 기반인 소상공인 등에 대한 다양한 데이터간의 체계적 관리만이 데이터 기반의 4차 산업혁명 시대를 대비하는 지역 경제 발전의 초석이 될 것이다. 그동안 온라인 플랫폼 또는 정부 부처가 독점해온 지역 경제의 데이터들을 소상공인 등에게 되돌려줌으로써, 지역 경제 내 또는 지역 경제 간 경쟁의 활성화를 통해 지방자치단체의 소멸 또는 공동화 현상을 새로운 관점에서 불씨를 살려내어 살아 숨 쉬는 지방자치단체를 만들 수 있다고 본다. 이러한 관점에서 온라인 플랫폼 사업자들의 사회적 기여의 한 방법으로 공동출자를 통해 지역 경제 활성화를 위한 데이터 기반의 플랫폼을 구축하고, 이를 토대로 지역 상권 및 온라인 플랫폼에서 소상공인 등이 공동의 협력을 통해 소비를 촉진하고, 데이터를 기반으로 마케팅할 수 있는 자체적 생존 모델을 확립할 수 있도록 해야 한다. 이것이 곧 4차 산업혁명의 혁신적 지역 경제 살리기 모델이 될 수 있다. 즉, 데이터를 기반으로 소상공인에게 혜택을 돌려주어, 소상공인 또는 동일 사업체들 간 연합체를 구성해 폐업하지 않고 건강한 지역 경제의 버팀목으로서 성장할 수 있도록 사회적 협력 프로그램을 만들어줘야 한다.

이를 위해서 구체적으로는 빅테크의 사회 공헌을 중심으로 소상공인을 위한 데이터 기반 사업화를 추진할 필요가 있다. 특히 카카오가 운영하고 있는 공익사업 제안 사이트를 통해 펀딩을 우선적으로 받아, 카카오 및 자회사가 수행하고 있는 사업에서 발생하는 지역 경제의 데이터를 공익적 형태로 지역의 소상공인에게 제공하고 이를 활용할 수 있는 방안을 모색해야 한다. 또한 이를 토대로 소상공인을 위한 지역 상권분석 및 데이터 공유 시스템을 만들 필요가 있다. 더 나아가 이를 확대하여 빅테크와 오픈마켓 등으로 사업을 확장하는 데 자사가 보유한 데이터를 기반으로 다양한 업종 간 생산, 소비, 유통 과정에서 나타나는 데이터를 공유하여 지역별 상권분석 서비스 제공하는 것도 하나의 방안이 될 수 있다.

즉 소상공인이 스타트업처럼 새로운 틈새시장을 만들 수 있는 데이터의 토양을 제공해달라는 의미다.

〈그림 1〉. kakao 공익사업 제안

공익사업 검토기준

- **협업**
  다수의 기관 및 개인과 협업하는가?
- **소통**
  온라인으로 연결하는가?
- **변화**
  사회 문제를 해결하는가? 새로운 접근인가?
- **영향력**
  영향력을 발휘할 수 있는 대상인가?

제안 처리 과정

제휴 제안 등록 ▸ **제휴 내용 접수** ▸ **담당자 상세 검토** ▸ **이메일로 검토 결과 회신**

* 출처 : 카카오 (2021c). Kakao제휴 안내.

4) 광역 및 지역 자치단체 간 데이터 기반의 경제적 연합체 구성

지방자치단체 간 강한 결속, 협력 및 지역 경제의 여러 과제를 공동으로 해결하기 위한 장치로서 온라인 플랫폼을 기반으로 하는 소상공인 보호를 위한 지역 간 경제적 연합체를 구상할 필요가 있다. 이는 특정 지역에서 생산되는 다양한 생산, 유통, 소비 간 불일치 및 생산품 재고 및 유통의 어려움 등을 광역적으로 해소할 수 있는 기반을 만들 수 있다는 점에서 유용할 것으로 판단된다. 또한 소상공인들의 주업종인 종합 신선식품 또는 전문 신선식품뿐만 아니라, 공산품 등도 모두 연계할 수 있는 지역 간 구조를 만들 수 있기 때문에 시도해 볼 필요가 있다. 간단히 말하면, 지역의 생산, 유통, 소비 및 재고 등의 관리를 위한 옴니 채널식 온라인 플랫폼이 필요하다는 의미다. 이를 통해 지역 경제의 활성화와 함께 소상공인들의 지역 간 유통 단계를 줄여나가 경쟁력 확보를 통한 다자간 소비 활성화를 이루자는 생각이다.

이를 위해 엄격한 차이는 있겠지만, 독일의 슈투트가르트 광역연합에 대해 검토를 해볼 필요가 있다. 슈투트가르트 광역연합의 경우, 1973년부터 지방자치단체로 구성된 지역 이익을 대변하려는 지역연합으로 출발해, 1994년 지방자치단체 간의 강한 결속력 또는 협력 강화를 목표로 탄생하였다. 2021년 현재 슈투트가르트 광역연합(Verband Region Stuttgart)은 법률로서 제도화되었고 직접선거로 광역연합의회

의원들을 선출하기도 한다. 또한 6개 지방자치단체(슈투트가르트, 뵈빌링엔, 루드비히부르크, 렘스-무어-크라이스, 괴핑엔, 에슬링엔 등)의 구성원들 간 조례 제정 권한이 있으며, 소속된 179개 지방자치단체들이 개별적이고, 단독으로 해결할 수 없는 다양한 정치, 행정, 경제 등 문제들을 공동으로 해결하고자 한다. 이에 따라, 이들은 2021년 현재 지역계획, 조경계획, 공원 구상 및 계획, 지역 교통계획, 지역 경제 진흥, 폐기물 처리, 지역 관광 마케팅 등 7개의 지역 과제를 중점적으로 다루고 있다. 특히 경제 진흥 및 관광 마케팅은 지역의 잠재적 콘텐츠 및 자원의 개발, 외부 개발자금의 유치 등을 위해 슈투트가르트경제 진흥공사와 함께 관련 사업들의 계획 수립 및 집행을 다룬다. 광역연합의회를 구성해, 경제위원회 등 상임위원회를 개최하고, 기술적, 재정적 문제 발생할 수 있는 특정 사업 목적을 달성하고자 다양한 특별위원회를 설치 운영하고 있다. 의결과 심의는 별도로 되어 있다. 이러한 슈투트가르트 광역연합이 시사하는 점은 특별지방 자치기관으로서의 제도적 독립성이 높고, 의결과 집행, 재정 충당의 근거가 마련되어 있으며, 민주적 의회의 선출 및 구성이 가능하다는 점이다. 또한, 독립된 자체 집행기관을 통한 중점사업 등에 대한 관리와 정책 네트워크 형태의 문제 해결 및 의사결정 과정을 거친다는 점에서 정책목표의 방향성, 전문적 기술 지원, 감시 기능을 동시에 이뤄냄으로써, 지역 경제의 건강한 발전을 위한 각 기관 간 결속력이 강화되는 특징을 보여주고 있다. (한국 지방행정 연구원, 2021)

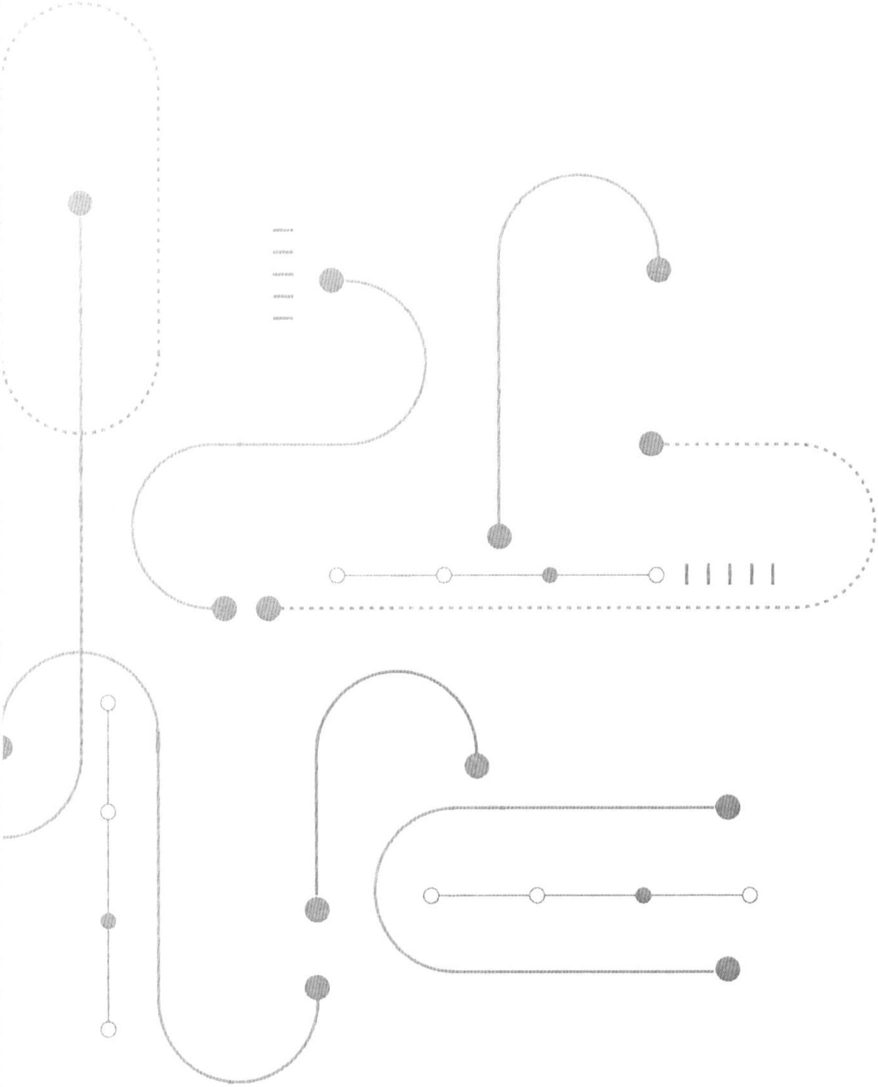

03

1. 네이버(NAVER)

1) 네이버(NAVER) 사업전략
   (1) 서치플랫폼: 인물정보, 정보검색, 디스플레이 광고
   (2) 커머스: 쇼핑광고, 스마트스토어
   (3) 핀테크: 네이버 페이와 소상공인
   (4) 콘텐츠 서비스: 웹툰, 메타버스(제페토)
   (5) 클라우드: 네이버 클라우드

ONLINE PLATFORM GENTRIFICATION
IN THE ERA OF BIG TECH

01

네이버(NAVER)

국내 온라인 플랫폼 영역에서 절대 빼놓을 수 없는 기업이 있다. 바로 네이버(NAVER Corporation)다. 1999년 설립된 네이버 주식회사(이하_네이버)는 '글로벌 도전의 집합체(A set of global challenges)'라는 슬로건을 내걸고 첨단의 기술을 일상에 담는 서비스들을 통해 우리 사회에 큰 변화를 일으켰다는 평가를 받았다. 한편 이러한 급격한 성장 속에서 나타난 플랫폼의 사회적 책임과 독점 논란, 골목상권 살리기, 뉴스 제공 서비스 등 해결해야 할 과제들이 남아있다. 이번 장에서는 2021년 6월 기준 76개사의 종속회사를 거느린 국내 1위 인터넷 포털기업 네이버의 전략과 각각의 서비스를 다뤄 보기로 한다.

1. 네이버(NAVER) 사업전략

2021년 하반기 기준 네이버 주식회사는 K-IFRS 기준 연결대상 종속회사는 76개사이며, 2020년 말 대비 12개 기업이 증가하고, 69개 기업(LINE 흡수 분할)이 감소했다. (권혁준, 2021, 1, 30)

1999년 6월 2일 설립된 네이버는 2002년 10월 29일 코스닥(KOSDAQ)에 상장하고, 2008년 11월 28일 자로 유가 증권시장(KOS-PI)에 주식을 이전 상장했다. 이후 네이버는 2013년 8월 1일 분할 기일로 한게임 사업 부문을 인적 분할하였고, 존속법인은 네이버(주)로, 신설법인은 구)엔에이치엔 엔터테인먼트로 하게 된다. 존속 및 신설 법인은 2013년 8월 29일 유가증권시장(KOSPI)에 각각 변경상장 및 재상장되었다. 또 네이버는 벤처기업이나 중소기업에 해당하지 않으며 국내 최대 IDC를 보유한 기업이 되었다.

네이버는 지속적으로 다양한 IT인프라 및 기업형 솔루션을 제공하면서 2016년에는 미국과 일본 등 전 세계 2억 명이 사용하는 모바일 메신저 LINE을 주축으로 크게 성장하였다. (네이버 주식회사, 2021)

네이버는 신용평가 전문기관은 NICE 신용평가㈜, 한국신용평가㈜, Moody's, S&P 각각 평균 A등급 이상의 안정적(Stable) 평가를 받고 있다.

〈그림 2〉. 네이버(주) 신용평가 현황

평가일	신용평가전문 기관	평가대상	회사채 신용등급	회사채 등급 전망	유효기간
2021년 02월 05일	NICE신용평가㈜	제4-1회 및 제4-2회 무보증사채	AA+	안정적(Stable)	2024년 02월 25일 (당해채권만기일)
2021년 02월 05일	한국신용평가㈜	제4-1회 및 제4-2회 무보증사채	AA+	안정적(Stable)	2026년 02월 25일 (당해채권만기일)
2021년 03월 17일	Moody's	Senior Unsecured Sustainability Notes	A3	안정적(Stable)	2024년 03월 29일 (당해채권만기일)
2021년 03월 17일	S&P	Senior Unsecured Sustainability Notes	A-	안정적(Stable)	2026년 03월 29일 (당해채권만기일)

* 출처: 네이버 주식회사 (2021). 전자공시 시스템 제23기 반기보고서.

네이버의 주요 연혁을 보면 2016년 LINE의 뉴욕 및 도쿄증시의 동시 상장이 눈에 띈다. 이후 연구 인력의 증강, 네이버 웹툰 주식회사 설립, 캠프모바일 등의 커뮤니티 서비스 증강 및 다양한 경영진들을 외부에서 유입하는 전략으로 경영 강화에 힘썼다.

또한 2010년 5월에 사옥 설립이 완공되었는데, 본점 소재지는 '경기도 성남시 분당구 불정로 6'이고 건물명은 '네이버 그린팩토리' 라고 하였다. 이 건물은 전체 외벽의 창이 초록색으로 되어 있어 그린팩토리 라고 칭한 것도 있지만, 당시 그린 테크놀로지(green technology)를 지향하는 건물을 짓기 위한 의미도 있었다. 실제로 네이버는 이 사옥을 국제적으로 통용되는 친환경 인증제도 'LEED'(Leadership in Energy and

Environmental Design)의 '플래티넘' 인증을 받았다. 해당 평가를 받은 이유는 그린팩토리가 수자원 절약을 위해 빗물을 재활용하는 방법, 온실가스 배출 절감을 위해 노력한 결과 등으로 매년 평균 5% 이상의 에너지 사용량을 줄이는 데에 있었다. 이렇게 네이버는 LEED플래티넘 등급을 춘천에 소재한 IDC 센터 '각(閣)'에[31] 이어 연달아 받은 것이다. (정자랑, 2014, 10, 7)

〈그림 3〉. 네이버(주) 주요연혁

변동일	주요 연혁
2015.04	웍스모바일(Works Mobile) 주식회사 설립
2016.07	LINE 뉴욕 및 도쿄증시 동시 상장
2016.08	스노우 주식회사 설립
2017.01	네이버랩스 주식회사 설립
2017.03	네이버 김상헌 대표이사 및 황인준 사내이사 임기만료 퇴임.
	한성숙 대표이사 및 변대규 이사회 의장 신규 선임

31) 각(閣)은 강원도 춘천시 동면 만천리에 위치한 기업 네이버의 데이터 센터이다. 2013년 6월, 54,229m2 부지에 지어진 이곳은 대한민국 인터넷 기업 가운데 최초로 지어진 자체 데이터 센터이다. 네이버의 자회사 2곳이 이전해 위치한 근접 건물과 함께 묶여 '네이버 도시 첨단산업단지'를 이루고 있다.

변동일	주요 연혁
2017.05	네이버웹툰 주식회사 설립
2017.06	AI연구소 제록스리서치센터유럽(XRCE) 인수
	스타트업 인큐베이터 스테이션F에 스페이스 그린 오픈
2018.02	캠프모바일 합병
2018.03	네이버 이해진 사내이사 임기만료 퇴임, 최인혁 사내이사 신규 선임
	네이버 이종우 사외이사 임기만료 퇴임, 이인무 사외이사 신규 선임
2018.04	홍콩과학기술대학교(HKUST)와 공동 AI연구소 설립
2019.03	네이버 김수욱 사외이사 임기만료 퇴임, 정도진 사외이사 신규 선임
2019.11	네이버 파이낸셜 설립
2019.12	라인-Z홀딩스 경영통합 계약 체결
2020.03	네이버 한성숙 대표이사, 변대규 기타비상무이사 재선임
2022.03	라인-Z홀딩스 경영통합 완료
	네이버 최인혁 사내이사, 이인무 사외이사 재선임, 이건혁 사외이사 신규 선임 홍준표 사외이사 중도사임
2021.05	왓패드 인수

* 출처: 네이버 주식회사 (2021). 전자공시 시스템 제23기 반기보고서.

〈표 13〉. 네이버(주) 연결 대상 회사 수 현황

(단위 : 사)

구분	연결 대상 회사 수				주요 종속 회사 수
	기초	증가	감소	기말	
상장	0	0	0	0	0
비상장	133	12	69	76	11
합계	133	12	69	76	11

* 출처: 네이버 주식회사 (2021). 전자공시 시스템 제23기 반기보고서.

1) 네이버(NAVER) 주요사업

네이버는 국내 1위 인터넷 검색 포털 네이버(NAVER)를 기반으로 광고, 커머스 사업을 통해 매출을 창출하고 있다. 아울러 웹툰, Zepeto, V LIVE 등의 콘텐츠 서비스, 금융 신 파일러들을 위한 핀테크, 기업용 솔루션을 제공하는 클라우드 등 다각화된 사업 포트폴리오를 기반으로 성장을 이어가고 있다. 네이버의 서비스는 크게 서치플랫폼, 커머스, 핀테크, 콘텐츠 클라우드로 나눠진다.

우선 네이버의 ①서치플랫폼은 검색과 디스플레이 광고로 구성되어 있다. 검색은 포털사이트 검색창에 키워드를 입력하는 이용자의 니즈(Needs)에 따라 광고와 정보 등을 노출시켜주는 서비스이고, 디스플레이는 네이버의 마케팅 플랫폼인데, 네이버의 누적 회원 수 4,200만, 일간 순 방문자 수 3,000만을 활용한 메인 광고, 서브 광고, 주제 판 광고, 동영상 광고 등 다양한 상품군을 소개하고 있다. (네이버 주식회사, 2021, 9, 1a) ②커머스는 쇼핑 검색, 쇼핑 수수료, 쇼핑 관련 디스플레이, 멤버십 매출로 구성된다. 특히 네이버는 2001년 네이버 쇼핑 서비스 출범을 시작으로 2012년 지식쇼핑(현 네이버 쇼핑) 그리고 2014년 스토어팜(현 스마트스토어) 출시를 하였다. 네이버의 쇼핑 서비스 또한 AI 기술이 적용되는데, 막강한 검색포털의 기반으로 유입되는 이용자들의 니즈(Needs) 분석을 통해 다양한 판매자들의 상품을 노출하고 이용자에게

시시각각으로 제품을 제공할 수 있는 플랫폼 광고 서비스라 할 수 있다. 더욱이 네이버는 코로나19로 급격하게 성장한 이커머스(e-commerce) 시장을 잡기 위해 힘쓰는 모습이다. 이와 관련 플러스 멤버십, 브랜드 스토어, 쇼핑 라이브, 장보기 서비스 출시와 4PL 업체 투자, CJ대한통운 및 신세계/이마트 제휴 등을 통해 이용자와 판매자의 다양한 니즈를 대응하며 커머스 생태계 강화에 힘쓰고 있다. ③핀테크는 크게 네이버 페이와 디지털금융 서비스로 구성되어 있다. 결제 사업은 네이버의 막대한 이용자들을 고착화(lock-in) 하려는 대표적인 전략이다. 네이버는 이용자들의 편의를 이용해 네이버를 이용하는 사람들의 체류시간(duration time)을 높이고 이들의 쇼핑 구매 욕구 등을 충족시키는 상품군 노출을 통해 핀테크(네이버 페이)로 결제를 유도하는 전략을 펼치고 있다. 결제 사업 또한 코로나19 상황에서 크게 성장했다. 네이버는 SME, 신파일러 등 금융 소외계층을 위한 금융 서비스에도 집중하고 있다. 아울러 ④클라우드에는 '네이버 클라우드 플랫폼'과 웍스모바일, 클로바 CIC의 각종 소프트웨어 서비스 매출이 포함되어 있다. 특히 네이버의 클라우드 서비스는 네이버 클라우드 주식회사가 2017년 4월 17일부터 네이버 클라우드 플랫폼을 담당하고 있다. 네이버는 기본적으로 네이버 및 해당 서비스를 통해 이용자가 직접 신청 및 구매하는 형태로 움직이며, 검색 및 검색광고, 커머스를 통해 이용자와 이를 관리하는 대행사, 파트너사를 늘리는 전략을 쓴다. (네이버 주식회사, 2021, 9, 1b) 이러한 주요한 네이버의 서비스 전략과 방법은 다음 페이지에 구체적으로 다루도록 하겠다.

〈표 14〉. 네이버(주) 서비스별 영업현황 및 전략

서비스	주요 영업	판매 경로 방법 및 전략
서치플랫폼	검색, 디스플레이	① 서치플랫폼 & 커머스 – 직접 판매: 광고주 또는 파트너 사에게 직접 영업 – 온라인 판매: 광고주 또는 파트너사가 온라인상에서 직접 상품 구매, 관리 – 대행사 판매: 외부 대행사를 통한 텔레마케팅 및 직접 판매
커머스	쇼핑 관련 검색&디스플레이, 중개수수료 등	
핀테크	페이 서비스, 디지털금융	② 핀테크 – 각 서비스에 맞는 판매 경로를 활용
콘텐츠	웹툰, 뮤직, V, SNOW 등	③ 콘텐츠서비스 – 해당 서비스에서 이용자가 직접 구매하는 온라인 판매
클라우드	클라우드, 웍스 등	④ 클라우드 – 직접 판매: 파트너들에게 직접 영업 – 온라인 판매: 파트너가 온라인상에서 직접 상품 구매, 관리 – 대행사 판매: 외부 파트너 사를 통한 판매

* 출처: 네이버 주식회사 (2021). 전자공시 시스템 제23기 반기보고서를 토대로 저자가 재구성.

최근 네이버의 활동을 간략하게 정리하면 (1) 라인-Z 홀딩스 경영통합 계약, (2) Wattpad Corporation 인수, (3) 위버스 컴퍼니 플랫폼 통합, (4) 신세계, 이마트와 전략적 제휴 등으로 볼 수 있다. 네이버의 경영상 주요계약은 각자의 사업영역에서 시너지를 추구함과 동시에 일본 및 글로벌 시장에서의 치열한 경쟁에 성공적으로 대처하고자, 경영을 통합하는 방식이다.

〈표 15〉. 네이버(주) 경영상의 주요계약 전략

서비스	주요 계약 전략	체결시기 및 일자, 규모
(1) 라인-Z 홀딩스 경영통합 계약	- 계약의 목적 및 내용: 각자의 사업 영역에서 시너지를 추구함과 동시에 일본 및 글로벌 시장에서의 치열한 경쟁에 성공적으로 대처하고자, 라인과 Z홀딩스의 경영통합을 추진함 - 기타 사항: 2021년 3월 1일 자로 경영통합이 완료되어 라인 실적은 연결실적에서 제외되었으며, 회계적 처분손익 등 현금의 유출입이 수반되지 않는 회계상 이익을 인식하였음	- 계약 체결 '19. 12. 23. - 경영통합 완료 '21. 3. 1.
(2) 왓패드 인수 Wattpad Corporation	- 계약의 목적 및 내용: 글로벌 콘텐츠 사업 및 북미사업 다각화를 위해 북미 웹 소설 플랫폼 기업인 Wattpad Corporation 인수 계약을 체결함 - 인수 주식 수: 248,510,131주(100%) - 인수금액: 6,848억 원(자사주 지급: 1,769억 원, 현금: 5,079억원)	- 계약체결 '21. 1. 19. - 인수완료 '21. 5. 10.
(3) 위버스 컴퍼니 플랫폼 통합	- 계약의 목적 및 내용: 하이브의 자회사인 위버스 컴퍼니 지분 취득(취득 후 지분율 49%) 및 통합 엔터 플랫폼 구축을 통한 글로벌 성장 가속화 - 취득 주식 수: 3,485,801주 - 취득금액: 4,119억 원	- 완료 시점: 통합 플랫폼 개발완료일과 '21. 1. 27.일 계약 체결 후 1년 중 빠른 날
(4) 신세계, 이마트 전략적 제휴	- 계약 상대방: 신세계, 이마트 - 계약의 목적 및 내용: 온 · 오프라인 커머스 역량 강화 위한 전략적 제휴 위해 자기주식 상호교환(이마트), 출자주식(신세계가 보유한 신세계인터내셔날 주식)과 당사 자기주식 교환 진행	- 거래금액 : 2,500억 원 (이마트 1,500억 원, 신세계 1,000억 원) - 계약 체결 : '21. 3. 16. (완료 시기) ('21. 3. 17.)

* 출처: 네이버 주식회사 (2021). 제23기 반기보고서를 토대로 저자가 재구성.

(1) 서치플랫폼: 인물정보, 정보검색, 디스플레이광고

네이버(2021)에 따르면 서치플랫폼은 검색과 디스플레이 광고로 구성되어 있다. 우선 검색은 네이버가 지난 2000년 8월 세계 최초로 선보인 통합검색 서비스로 검색어에 적합한 웹 문서를 유사도 순으로 나열하는 웹 문서 위주의 검색 서비스를 벗어나 '사전', '뉴스', 'View 검색', '지식iN' 등 정보가 가지는 특성에 따라 결과를 보여주는 검색 서비스이다.

검색은 포털사이트 검색창에 키워드를 입력하는 이용자의 니즈(Needs)에 따라 정보와 광고 등을 노출해주는 서비스이고, 디스플레이는 기업형 네이버의 마케팅 플랫폼인데, 네이버의 누적 회원 수 4,200만, 일간 순 방문자 수 3,000만을 활용한 메인 광고, 서브 광고, 주제 판 광고, 동영상 광고 등 다양한 상품을 군을 소개하고 있다. 이처럼 네이버의 서치플랫폼에는 다양한 서비스가 있지만, 이 책에서 다루고자 하는 부분은 네이버의 검색과 플랫폼 내에서 나타나는 다양한 현상과 빅테크와 소상공인들의 진흥을 위한 것이기 때문에 우선 네이버의 검색 부분을 설명하고 커머스 부분에 SME와 관련된 검색광고를 집중해서 다루도록 하겠다.

<표 16>. 네이버(주) 통합검색 서비스 분류

분류	서비스 종류	주요기능
검색어	자동완성 제외, 연관검색어 제외요청, 기타 검색어 제외 요청 서비스	제3자 명예훼손 검색어 제외 관련
인물정보	인물정보 등재기준, 방법, 노출, 삭제 등	언론인 혹은 전문가 인물 정보 등록 삭제 관련
VIEW검색	검색반영 요청, VIEW검색 로직, 옵션, 함께 볼만한 검색어 소개 등	검색반영 요청 블로그 검색 제한 풀기 노출순서 기준 관련
웹검색	스마트 봇 문의, 웹 검색 노출 기준, 검색로봇 안내, 웹 검색 노출, 수정 등	웹 검색 장애오류 수정, 검색로봇 안내 관련
콘텐츠검색	다이렉트, 도서관, 지식백과, 앱 검색, 법률, 맞춤법 검사기 기타 등	네이버에서 노출되는 콘텐츠 영역 관련
기업검색	기업정보 노출 대상 기준, 기업정보 수정/삭제/등록 요청하기, 기업분석 보고서 수정 삭제 등	기업 정보 미 노출, 노출대상 기준 관련
동영상 검색	동영상 검색노출, 검색제외, 검색가능성, 검색 공식 채널 관련	검색 서비스의 사용자 로그 분석, 채널, 키워드 자동 추출 관련
이미지 검색	이미지 검색 활용 방법, 노출, 제외, 광고영역 관리 등	이미지 선택 시 나오는 연관 이미지 관련 등
최신 콘텐츠	최신 콘텐츠 이해하기, 콘텐츠 등록/수정/삭제	채널 검색, 공공정보 대상 채널간의 유사도 등 기반 연관채널 정보 구성
eXpert 검색	eXpert 검색 노출 기준, 검색 관련	전문가와 실시간으로 상담하는 지식iN 플랫폼
지식iN 검색	네이버 사용자 사이의 지식 교류 서비스	지식iN 엑스퍼트, 지식 기부 등 구성

* 출처: 네이버 주식회사, 고객센터 토대로 저자가 재구성(검색일: 2021. 12. 3)

검색어 서비스는 자동완성 제외, 연관검색어 제외 요청 등 다양한 검색포털에서 나타나는 문제를 관리하는 기능이 있다. 구체적으로 자동완성/연관검색어 노출 제외는 개인정보 노출, 사생활 침해/명예훼손, 저작권 침해, 성인/음란, 불법/범죄, 오타, 욕설/비속어, 자동화된 수단을 이용해 생성된 것으로 의심되는 경우(ex. 매크로) 등에 한해 KISO 검증위원회의 결정에 따라 제외해 주고 있다(네이버, 2021). 하지만 이러한 네이버의 자동완성, 연관 검색어 삭제 절차와 기능은 사회적, 정치적 이슈가 있을 때마다 지탄을 받고는 했다. (김연지, 2018) 이는 KISO의 검증이 법적 성격이 있는 것이 아닌 사실상 플랫폼 기업들이 만든 자율기구라는 점에서 비롯될 수 있다.[32] 플랫폼 기업들의 자율 규제에 대한 본래의 취지와 역할을 높게 사지만 향후 이러한 문제를 원천 불식시키려면 정부 산하의 ①공정거래위원회(ftc), ②방송통신위원회(KCC) 혹은 ③한국인터넷진흥원(KISA)에 권한을 위임하는 방안도 고민해 볼 필요가 있을 것이다.

인물정보 서비스는 2013년 네이버의 요청으로 KISO를 통해 '인물정보 검증 및 자문위원회'가 출범했다. 현재 네이버 인물정보 서비스는

32) 2008년 (현 KISO) 포털 자율규제 협의회 발족을 공동 발표하였다. 참여 회사는 다음커뮤니케이션, 네이버, SK컴즈, 야후코리아, KTH, 하나로드림, 프리챌 등이다.

사회적 저명인사라는 척도로 여겨지고 있으며 직업, 경력, 학력 등의 정보를 공개 가능한 상태로 제공한다. 한편 살아있는 사람의 인물정보만을 등록하고 사망한 사람들은 공개하지 않는다. 다만, 예외적으로 사회적 인지도가 높은 인물의 경우에는 등록을 유지하고 있는 경우가 있다. (네이버 주식회사, 2021. 9. 1c) 별도로 비용이 드는 것이 아닌 몇 번의 클릭만으로 네이버가 요구하는 등재기준을 충족한다면 등재될 수 있는 서비스이다. 또한 이번 2021년 10월 22일부터 네이버는 농업인, 어업인, 축산인, 임업인 직업분야를 신설하면서 전문 직업인으로서 인정하는 부분을 확대하였다. 이는 네이버가 추구하는 경영의 방식이 사회적 다양성을 추구하고, SME 활성화를 비롯한 플랫폼의 사회적 책임(CSR)에 대한 역량을 강화하고 있다는 것을 의미한다.

〈표 17〉. 네이버(주) 인물정보 주요 등재기준(순서대로 상위5개 직업)

직업분류1	직업분류2	노출 직업명	등재기준
경제기업인	경제기업인	경제기업인, 경제기관단체인, 개인사업자 등	– 해당 직업과 관련한 소속과 직위가 확인되는 경우 등 – 경제 관련 법인 및 협회의 임원진 이상으로 확인되는 경우 등
교육인	교육인	교장, 교사 등	– 교육공무원법에 따라 교육부장관이 검정 · 수여하는 자격증이 확인되는 경우 등
대중문화인	가수, 감독	가수, 감독 등	– 발매되어 음원정보를 확인할 수 있는 앨범이 있거나 가수로의 활동여부를 확인할 수 있는 공연이나 방송활동이 확인되는 경우 (참여앨범, 피처링 등 포함) 등 – 해당 직업과 관련한 작품 등에 감독으로 참여한 경력이 확인되는 경우 등
문화예술인	공연인	공연기획자, 제작자 등	– 해당 직업과 관련한 공연 등의 작품 또는 활동한 경력이 확인되는 경우 (단, 동호회 등 친목 도모를 위한 단체 관련 활동 또는 동아리 공연 등 교내 활동 제외) 등
법조인	법조인	변호사, 판사 등	– 「변호사법」에 따라 변호사 자격을 가지고 대한변호사협회에 등록한 사실이 확인되는 경우 – 해당직업으로 활동하여야 하며 해당자격이 정지·취소되는 경우 삭제 – 해당 직업과 관련된 소속과 직위가 확인되는 경우
보건의료인	보건인	보건인, 수의사 등	– 해당 직업과 관련한 자격 또는 활동 경력이 확인되는 경우 – 해당 직업과 관련된 법률에 따라 자격을 가지고 상위 기관 또는 관련 협회에 등록한 사실이 확인되는 경우

* 출처: KISO, 인물정보 서비스 직업 및 등재기준을 토대로 저자가 재구성(검색일: 2021. 10. 10).

(2) 커머스: 쇼핑광고, 스마트스토어

코로나19 팬데믹 상황이 장기간 지속됨에 따라 비대면 온라인 e-커머스 영역이 급격하게 부상했다. 기존 오프라인 산업이 코로나로 인한 피해를 심각하게 받은 것에 반해 플랫폼과 관련된 산업들은 급격하게 성장한 것이다. 네이버도 마찬가지로 팬데믹 상황에서 온라인 마켓 영역을 대폭 강화했다. 특히 네이버의 서치플랫폼 영역에서 검색광고 부분은 주목할 만하다.

이번 페이지에서는 네이버의 독보적인 이용자와 검색 플랫폼을 기반으로 한 상품 노출 서비스 쇼핑과 SME(중소상공인) 영역의 스토어팜(현 스마트스토어)을 구체적으로 다뤄보도록 하겠다.

네이버의 검색광고 영역은 모바일 웹/앱 전반의 온라인 플랫폼에서 나타나는 디지털 검색을 기반으로 한 광고 시스템이다. 휴대전화는 거역할 수 없는 시간 또는 공간의 침입자라는 마셜 맥루언(Herbert Marshall Mcluhan)의 말처럼 플랫폼이 등장한 초기 10여 년 전부터 PC와 모바일에서의 광고 매출은 막대한 부를 창출할 수 있는 기회의 장이 되었다.

한편 네이버가 말하는 SME(Small and medium enterprise, SME)는 중소기업을 포함하는 개념이기 때문에, 2020년 2월 4일 새롭게 제정된 소상공인기본법상의 '소상'과 '공인'에 맞는 서비스를 분류하고 진정한 small business에 초점을 맞출 필요가 있어 보인다.

중요한 사실은 소상공인들에게 네이버의 스토어팜(현 스마트스토어)이 많은 도움을 주고 있는 것은 사실이다. 다만, 한정된 상위 영역에 노출되어 성공하기까지는 수많은 진입장벽을 넘는 시행착오를 거쳐야 가능한 일이고 다수의 판매자는 어쩌면 평생 상위 노출의 꿈을 이루지 못할지도 모른다. 왜냐하면 플랫폼의 검색광고는 PC/모바일이라는 한정된 화면에서 무한 경쟁을 해야 하는데 여기서 밀려나면 노출되기 힘든 특성이 있기 때문이다. 이에 소상공인 모두가 상위에 링크되어 성공궤도에 진입할 수는 없는 것이다.

또한 포털에서 쇼핑하려는 이용자의 니즈가 너무나 다양해서 판매자가 키워드 최적화(Search Engine Optimization)를[33] 하여도 매번 효과가 발생한다는 보장도 없다. 안타까운 점은 이러한 현상이 온 · 오프라인을 가리지 않고 나타난다는 점이다. 이는 높은 임대료 등의 문제 때문에 목 좋은 대로변 사거리에서 밀려나고 있는 영세한 소상공인들의 현실과 유사하다.

33) 검색엔진 최적화(SEO)는 검색엔진에서 내 글이 잘 발견될 수 있도록 조정하는 작업이다.

필자는 이러한 문제를 디지털 온라인 영역에서 새롭게 나타나고 있는 '온라인 플랫폼 젠트리피케이션(online platform gentrification)' 현상이라고 보고 있다. 앞으로 플랫폼 기업이 줄곧 말하는 "플랫폼의 순기능"이 우리 사회에서 제대로 동작하고 있는지는 마이데이터를 이용한 보다 구체적인 통계 방법으로 분석해 보아야 한다. 또한, 소상공인들이 영세하면 영세할수록 플랫폼의 순기능에 기댈 수밖에 없는 현실을 외면해선 안 될 것이다. 플랫폼 기업들이 소상공인과 진정한 상생을 했을 때 모두가 윈윈(Win-Win) 할 수 있다는 점도 잊어선 안 된다.

본디 플랫폼의 순기능은 플랫폼과 약자가 윈윈(Win-Win) 하고, 누구나 노력한다면 성공할 수 있는 길이 있으며, 기존 산업의 폐해를 해결하는, 보다 낮은 진입장벽으로 사회적 약자도 성공할 수 있는 곳이라고 생각한다. 이렇게 온·오프라인 가리지 않고 현실의 벽은 점점 높아지지만, 소상공인들이 플랫폼 환경에서 새로운 지평을 열 수 있는 방안은 분명 있다. 이제부터 그 방안에 대해 고민한 결과를 풀어나가겠다.

이 단락부터는 네이버의 대표적인 SME사업자 맞춤형 서비스로 분류되는 스마트스토어+네이버 페이, 금융 대출 서비스 등을 소개하고 소상공인들이 이를 더욱 쉽게 이해하고 활용하는 데 도움이 될 수 있는 시간을 갖도록 하겠다. 우선 수수료를 살펴보면, 네이버 쇼핑을 통해 스마트스토어의 상품이 판매되면 소상공인들은 쇼핑 연동 수수료를 2%를 더 내야 한다. 스마트스토어의 결제 수단인 네이버 페이 수수료까지 고려하면, 대략 총 3~5.85%의 수수료가 발생한다. 좀 더 구체적으로 설명하면, 네이버 쇼핑을 통해서 구매자가 스마트스토어에 방문한 후 네이버 페이로 결제를 했을 시에는 네이버 쇼핑 연동 수수료가 2%로 책정되는 것이고 네이버 페이 수수료까지 더하면 총 5.85%의 수수료를 내야 하는 것이다.

수수료율 책정은 포털이라는 관문을 구축한 네이버의 자유 의지겠지만, 단지 네이버 쇼핑을 통해 스마트스토어의 상품이 구매 전환(상품 판매) 됐을 경우, 2%의 추가적인 수수료를 더 내야 한다는 것은 네이버가 추구하는 SME 취지와는 상반된 것으로 보인다.[34] 이는 스마트스토어 개설 후에 판매자의 이익은 증가하겠지만 무한 경쟁에서 살아남기 위해선 네이버 쇼핑 입점이라는 카드를 버릴 수 없게 만든 것이나 다름없다. 왜냐하면 네이버 쇼핑몰 입점은 CPC(클릭만큼 수수료 부과)/CPS(월 고정비와 상품 판매 수수료 부과) 상품에 가입해야 하는데 이 광고방식은 2% 수수료만 내는 것이 아닌 클릭당 광고료를 부과하는 경매식이기 때문에 수수료가 천정부지로 발생한다.[35] 이때부터 소상공인들은 무한궤도

---

34) 네이버는 SME에 대하여 '중소상공인(SME) 중심의 스마트스토어 판매자들에게는 AI 기술을 기반으로 하는 데이터와 스마트한 툴을 제공하여 상품, 판매, 속성 등 다양한 DB를 확보하고, 이를 고도화된 추천 서비스로 제공함으로써 이용자와 판매자 모두 성장할 수 있는 상생과 다양성의 철학이 잘 투영된 건강한 생태계로 발전시켜 나가기 위해 노력 중입니다.'라고 기술했다. (네이버 주식회사, 2021)

에 돌입하는 것이다. 한편 통계 수치를 보면 스마트스토어에 참여한 소상공인들의 전체적인 이익은 증가하고 있으나, (이진영, 2021, 12, 2) 우리 소상공인들은 700만 명에 가깝다. 한두 번의 설문 통계가 지표가 될 수 없다는 게 플랫폼 산업의 특성이다. 플랫폼 산업은 명과 암이 명확하게 드러나지 않는다. 네이버의 경매식 검색광고는 소상공인들의 사업 홍보 효과를 극대화하고 스마트스토어를 세상에 알리는 데 도움이 될 것이다. 하지만 검색광고의 키워드 단가는 계속 상승할 것이고 이는 소상공인들의 수익활동에 큰 부담이 될 것이다. 다시 말하면 파워링크, 지식쇼핑 상단에 올라가기 위해서는 단가 산정 방식(CPC: cost per click)으로서 클릭당 광고 입찰을 해야 한다.

이는 입찰가격이 높아지면 높아질수록 상위에 노출되는 방식이기 때문에 소상공인들은 지속적으로 광고비를 지출할 수밖에 없는 구조이다. 실제로 네이버의 광고 시스템은 소상공인들에게 큰 부담과 압박으로 나타 난지 오래다. (김문관, 2018, 9, 14) 이에 소상공인들이 집행하는

35) 각종 포탈이나 블로그, 검색 사이트에 사용되는 새로운 광고 모델이다. 기존의 광고 방식과는 다르게 광고주는 사용자가 실제로 광고주의 사이트로 들어오게 하기 위해 광고를 클릭한 횟수 당 비용을 지불하는 형식이다. CPC(cost-per-click)는 때때로 PPC(pay-per-click)와 별다른 구분 없이 사용되는데 클릭 횟수를 기준으로 광고 단가를 산정하는 방식이 같기 때문이다. 두 단어의 미세한 차이점을 살펴보면, PPC 방식은 단지 클릭이 일어난 횟수만을 기준으로 광고 단가가 책정되는 반면, CPC는 총 임프레션에 대한 클릭 횟수를 기준으로 광고주와 매체사가 협상하여 광고 단가를 책정한다.

플랫폼 검색광고에 대한 면밀한 분석이 필요하다. 네이버의 대표적인 SME(중소상공인) 맞춤형 광고 상품은 사이트 검색광고, 쇼핑 검색광고로 나뉜다. 사이트 검색광고는 말 그대로 '사이트'를 홍보하는 검색광고 플랫폼이다. 블로그, 카페, modoo, 스마트스토어 등에 집행이 가능하다. 노출은 무료이며, 클릭 시 과금되는 CPC방식이다. 키워드별 입찰가는 시스템상으로 클릭당 70원에서~10억 원으로 설정할 수 있고, PC기준으로 1~10위 파워 링크, 11~15위 비즈 사이트 영역이다. 모바일은 1~3위(최대 5위) 파워 링크에 해당되며, 더 보기 기능에는 그 외 순위가 해당한다.

〈그림 4〉. 네이버(주) CPC 단가 책정 기준

* 출처: 네이버 주식회사, 검색광고 센터(검색일: 2021. 12. 13a).

광고비 산정은 클릭당으로 이뤄진다. 구체적으로 각 키워드에 광고주들이 입력한 입찰가와 여러 품질지수를 고려하여 최종 결정된다. 단, 입력한 입찰가가 실제 지불 비용이 되는 것이 아니라 자신의 바로 아래 순위(차순위) 광고의 입찰가 및 품질지수를 고려하여 클릭비용이 결정되는 구조이다. 이때 클릭당 비용은 자신이 입력한 입찰가를 초과하지 않는다. 네이버 교육 자료에 따르면, '청바지'라는 키워드를 구매했을 때 키워드의 클릭당 비용이 200원이고 이용자가 광고를 100번 클릭했다고 가정한다면, 지불해야 하는 광고비는 200원 곱하기 100회로 총 2만 원이 되는 방식이다. 사이트 검색광고는 기본적으로 제목 15자 + 설명 45자 + 사이트 주소로 구성되어 아래와 같은 모습으로 노출된다. 모바일은 기기별로 조금씩 다른 형태로 노출된다.

〈그림 5〉. 네이버(주) 검색광고 키워드 노출

* 출처: 네이버 주식회사, 검색광고 센터(검색일: 2021. 12. 13a)

광고비는 선불 혹은 후불 계산 방식이 아니라 자신의 계정에 원하는 만큼 일정 금액을 미리 충전해 놓고 해당 금액에서 광고 클릭이 발생했을 때 실시간으로 차감된다. 만약 계정에 잔액이 없으면 당연히 광고 노출은 중단된다.

〈그림 6〉. 네이버(주) CPC 단가 책정 기준

* 출처: 네이버 주식회사, 검색광고 센터(검색일: 2021. 12. 13a).

쇼핑 검색광고는 시스템상 50원에서 10억 원까지 광고 집행을 할 수 있으며, 네이버 쇼핑의 검색 결과 화면 등에 상품 이미지와 정보를 노출하는 판매 유도형 검색광고이다.

키워드별로 광고를 등록하여 노출하는 사이트 검색광고(파워 링크 유형)와 달리 쇼핑 검색광고는 키워드를 선택할 필요 없이, 이미 네이버 쇼핑에 노출되고 있는 상품을 쇼핑 상위 영역에 노출하는 광고이다. 네이버 통합검색(PC/모바일) 결과의 '네이버 쇼핑' 영역 상단에 2개가 기본으로 노출되며, 키워드 및 노출유형에 따라 광고 개수는 변한다. 이러한 쇼핑 검색광고의 문제는 소상공인들이 상품 단위로 적용한 입찰가와 이용자가 검색한 키워드와의 연관도가 광의적인 상황에서 광고 순위가 결정된다는 것이다.

또한 상품이 팔리는 구매 전환이 이뤄지지 않은 상태에서 매번 클릭이 일어난 횟수에 따라 발생하는 비용을 모두 지급해야 한다. 보통 이용자는 검색을 통해 광고가 노출되고 노출된 검색광고를 클릭한 이후 해당 랜딩 페이지에서 아이쇼핑을 하면서 서치(search)하는 과정을 거친다. 이 과정에서 대략 3회 이상의 클릭이 발생하고 이를 통해 구매 전환(상품 구매, 계약 등)이 성사되거나 그렇지 않은 이용자는 이탈하게 된다. 하지만 이 과정에서 발생한 클릭당 과금은 모두 부과된다. 소상공인들이 불확실성에 기대어 광고를 집행하고 광고효과도 명확하지 않은 시스템에 기대어 있는 건 아닌지 면밀한 분석이 필요한 시점이다. 또한 네이버가 이용자의 패턴과 니즈를 명확하게 제시를 해준다고 하더라도 상대적으로 니즈가 높은 상품과 가격이 높은 단독 키워드에 소상공인들이 입찰하기는 쉽지가 않다. 이에 소상공인들의 의도에 부합하지 않는 노출결과가 나오기 일쑤인 것이다.

또 소상공인들은 광고 집행을 한 이후 과금된 상품 키워드와 구매 전환이 이뤄지지 않은 키워드 리스트를 비교한 후 효과가 떨어지는 키워드를 제외 키워드로 등록을 해야 한다. 하지만 이 또한 전문 영역이라 광고대행사에 도움을 받게 되면서 추가적인 마케팅 비용을 지출해야 하는 상황을 반복하게 된다.

더 심각한 문제는 소상공인들이 판매하는 상품의 기본 원가보다 키워드별 단가 책정이 과도하게 집행되고 있다는 점이다. 이는 한정된 상위 영역에 노출되려면 키워드 단가를 경쟁사보다 높게 책정해야 하는 경매식 광고의 방식에서 비롯된다. 물론 경쟁사 키워드의 단가는 정확하게 알 수가 없는 블라인드 방식이다. 네이버의 검색광고 단가는 4주간의 평균 입찰가격으로 키워드별로 책정된다.

우리는 플랫폼의 검색광고에서 다양하게 발생하는 문제를 분석하고 불공정한 부분이 있다면 개선해야 할 점을 제시하려고 이 책을 기획했다. 이를 토대로 온라인 플랫폼에 진입하는 소상공인들의 초기의 진입장벽이 오프라인보다 현격히 낮지만, 과도한 광고비용 등으로 플랫폼에 진입한 이후의 진입장벽은 점차 높아지는, 한정된 상위 노출 영역에서 밀려날 수밖에 없는 현상의 '온라인 플랫폼 젠트리피케이션'을 규명하고자 했다.

온라인 플랫폼 젠트리피케이션의 하나의 유형으로 소상공인들이 검색광고를 통해 판매하는 상품의 기본 원가와 기본 입찰가(70원)보다 과도하게 높게 책정되는 키워드의 단가에 주목했다. 이 책에서 이를 분석한 결과를 제시한다〈표 18〉.

키워드 단가 파악에 있어서 쇼핑 광고는 스마트스토어에 실제로 상품을 등록하고 쇼핑에 연동해야 광고 집행이 가능한 한계가 있어 제외했다. 이 책에서 밝히고자 하는 상위 영역의 노출은 온전히 키워드별(CPC) 단가 책정이다. 이에 네이버 데이터랩의 쇼핑 인사이트를 토대로 분야별 인기 검색어 월간 상위 5개의 키워드를 분석(12월 기준)에 활용했다.[36)]

네이버가 분류한 카테고리는 패션의류, 패션잡화, 화장품/미용, 디지털/가전, 가구/인테리어, 출산/육아, 식품, 스포츠/레저, 생활/건강, 여가/생활 편의로 분류된다. 구체적으로 해당 카테고리 대상으로 롱패딩, 원피스, 치킨, 족발 등의 단독 키워드 단가가 '상품의 기본 원가'와 '기본입찰가(70원)' 보다 얼마나 많이 차이가 나고 있는지 분석했다.

네이버가 구체적인 키워드별 단가를 공개하지 않고 있기 때문에 우리가 접근할 수 있는 수준의 네이버 검색광고 시스템을 통해 (2021, 12, 13) 실제 CPC 단가를 분석한 것이다.

---

36) 네이버 주식회사 (검색일: 2021. 12. 13b). 데이터랩 쇼핑인사이트.
URL: https://datalab.naver.com/home/sectionSearch.naver

〈표 18〉. 네이버 데이터랩 월간(12월) 분야별 인기 검색어(상위5위) & CPC단가

분류 (상위1위기준)	1위	2위	3위	4위	5위
*패션의류	롱패딩	숏패딩	원피스	여성패딩	여성숏패딩
기본입찰가(70원) 대비 상승%	3,186%	3,171%	1,500%	2,143%	1,843%
cpc단가	2,230원	2,220원	1,050원	1,500원	1,290원
*패션잡화	나이키운동화	어그슬리퍼	운동화	뉴발란스327	나이키에어포스
기본입찰가(70원) 대비 상승%	1,486%	1,614%	2,300%	2,057%	1,814%
CPC단가	1,040원	1,130원	1,610원	1,440원	1,270원
*화장품/미용	가히멀티밤	탈모샴푸	모다모다 블랙샴푸	바디미스트	헤라블랙쿠션
기본입찰가(70원) 대비 상승%	8,257%	14,914%	1,243%	6,786%	3,771%
CPC단가	5,780원	10,440원	870원	4,750원	2,640원
*디지털/가전	히터	외장하드	키보드	가습기	이어폰
기본입찰가(70원) 대비 상승%	7,943%	7,786%	3,286%	9,571%	3,829%
CPC단가	5,560원	5,450원	2,300원	6,700원	2,680원
*가구인테리어	크리스마스 오르골	행거	게이밍의자	쇼파	오르골
기본입찰가(70원) 대비 상승%	1,386%	2,843%	8,214%	6,386%	1,386%
CPC단가	970원	1,990원	5,750원	4,470원	970원
*출산/육아	키즈패딩	포켓몬카드	키즈롱패딩	크린숨 소형마스크	레고
기본입찰가(70원) 대비 상승%	1,571%	714%	1,357%	1,657%	4,586%
CPC단가	1,100원	500원	950원	1,160원	3,210원

분류 (상위1위기준)	1위	2위	3위	4위	5위
*식품	더리얼 오메가3	과메기	오메가3	타트체리	새싹보리
기본입찰가(70원) 대비 상승%	1,857%	4,771%	25,629%	11,757%	9,786%
CPC단가	1,300원	3,340원	17,940원	8,230원	6,850원
*스포츠/레저	롱패딩	노스페이스 패딩	디스커버리 패딩	핫팩	패딩
기본입찰가(70원) 대비 상승%	3,186%	2,914%	2,429%	15,971%	3,786%
CPC단가	2,230원	2,040원	1,700원	11,180원	2,650원
*생활/건강	크리스마스 트리	마스크필터	ququ kf94 마스크	요소수	kf94 마스크
기본입찰가(70원) 대비 상승%	5,371%	3,014%	657%	3,500%	16,271%
CPC단가	3,760원	2,110원	460원	2,450원	11,390원
*여가/생활편의	문화상품권	롯데월드 자유이용권	근조화환	제주렌트카	신세계상품권
기본입찰가(70원) 대비 상승%	14,771%	3,157%	39,900%	8,729%	23,814%
CPC단가	10,340원	2,210원	27,930원	6,110원	16,670원
*기타	치킨	족발	피자	꽃배달	밀키트
기본입찰가(70원) 대비 상승%	9,014%	4,529%	7,514%	36,643%	5,543%
CPC단가	6,310원	3,170원	5,260원	25,650원	3,880원

* 출처: 네이버 주식회사, 데이터랩 & 검색광고시스템, 기본70원 입찰가 대비 상승률(검색일: 2021. 12. 13b)[37)]

37) 네이버 주식회사 (2021. 12. 13a). 네이버 검색광고 센터.
URL: https://searchad.naver.com/my-screen

분석에 사용된 CPC 키워드 상품의 기본가격을 보면, 꽃 배달 키워드가 25,650원이었다. 그런데 일반적으로 구매율이 높은 꽃다발의 원가는 대략 1~3만 원 정도밖에 하지 않는다. 원가보다 광고비용이 80%를 훌쩍 넘는 것이다. 또한 기본 CPC 단가 70원으로 상위노출 영역 1위에 진입하려면 36,643%의 금액을 더 지불해야 가능했다. 이어 소상공인들의 영역이라고 할 수 있는 치킨(6,310원), 족발(3,170원), 피자(5,260원)의 키워드 단가도 상당했다. 치킨 한 마리에 최대 1~2만 원, 족발 1만 원으로 잡아도 보통 광고단가가 50%를 상회하는 수치였다.

다른 다양한 키워드도 마찬가지였다. 기본 입찰가 대비 백 · 천 · 만 % 단위로 크게 광고 책정 단가가 부풀려져 있었다. 또한 네이버가 제공하는 '검색광고 월간실적 기능'을 통해 선정한 키워드(치킨, 족발, 피자, 꽃 배달, 밀키트)의 상위 입찰가 기준, 노출 수, 클릭 수, 예상 클릭 비용에 따른 월간 CPC 책정 예상 비용을 분석해 본 결과〈표 19〉, 치킨 노출 1위 입찰가에 따른 월간 예상 검색광고 비용은 3,288,899원, 족발은 611,367원, 피자는 10,255,895원, 밀키트는 31,541,858원, 특히 꽃 배달은 105,310,815원에 달하는 막대한 광고 예상비용(월간)이 필요한 것으로 나타났다.

〈표 19〉. 네이버(주) 검색광고 키워드별(SME관련) 월간 예상 비용

키워드	입찰가	예상 노출수	예상 클릭수	예상 평균 클릭 비용	예상 비용
치킨	6,310원	285,661회	645건	5,099원	3,288,899 원
족발	3,170원	119,542회	237건	2,580원	611,367 원
피자	5,260원	165,794회	2,313건	4,434원	10,255,895 원
밀키트	3,880원	314,771회	10,801건	2,920원	31,541,858 원
꽃배달	25,650원	79,529회	9,675건	10,885원	105,310,815 원

* 출처: 네이버 주식회사, 검색광고 센터를 통해 저자가 구성(검색일: 2021. 12. 13a).[38]

이는 소상공인들이 감당하기에는 터무니없이 과도한 광고 책정 가격이다. 꽃 배달 키워드는 평균 1억 원이 넘는 광고비용이 필요한 상황이고 치킨, 족발, 피자, 밀키트 등 소상공인과 관련한 업종 키워드 비용도 모두 천 단위에 육박하는 것으로 나타났다.

그럼에도 불구하고 상위 영역을 장악한 업체들은 소상공인이 아닌 기업형 업체로 볼 수 있다. (범기영, 2017, 7, 5)

권역별 상권을 장악하고 하루 안에 모든 물품을 배송하는 시스템

38) 네이버 주식회사 (2021. 12. 13c). 네이버 검색광고 센터 광고주시스템, 키워드 도구.
URL: https://manage.searchad.naver.com/customers/1075497/tool/keyword-planner

을 갖춘 기업들이다. 이에 플랫폼을 통한 검색광고에 있어서 진정 소상공인들을 위한 서비스가 무엇인지 초점을 맞출 필요가 있어 보인다. 물론 키워드별로 니즈 분석을 통한 타깃형 광고와 세부 확장 키워드(청바지 + 000, 꽃 배달 + 000)를 효율적으로 운영한다면 보다 높은 광고효과를 볼 수는 있을 것이다.

하지만 공중파 방송을 통해 형성된 이슈형 니즈는 단독 키워드에 집중되는 경우가 대부분이다.[39] 소위 잘 팔리는 키워드는 자본이 풍부한 기업이 잠식하게 되는 이유다. 이처럼 목 좋은 곳은 온 · 오프라인 모두에 존재한다. 오프라인 세상에는 대로변 사거리의 스타벅스 주변일 테고, 온라인 영역에서는 네이버로 노출되는 검색광고 상위 노출 영역이다. 소상공인들이 온 · 오프라인 모두의 목 좋은 곳에 진입해서 성공하기에는 현실이 너무나 냉혹하다. 개선이 필요한 시점이다. 물론 네이버는 이 같은 SME 맞춤형 검색광고를 제대로 활용하기 위한 6가지 법칙이 있다고 소개하고 있다. 첫째, '무조건 대행사에 맡기지 말고 먼저 실습을 해야 한다.' 둘째, '광고 목표와 예산을 먼저 정해야 한다.' 셋째, '보고서를

39) 이 책에서 다루는 용어인 '단독, 세부, 이슈형 키워드'는 마케팅 용어이다. 예를 들어 단독 키워드는 청바지라는 단독 일반명사이고, 세부 확장 키워드는 청바지라는 일반명사에 확장형의 '파란+청바지, 블루+청바지 코디' 등을 말한다. 또한 이슈형 키워드는 현재 공중파에서 방송으로 인기인 키워드로, '아이키+청바지, 스우파+코디' 등의 형식을 말한다. (한국플랫폼산업진흥원, 2022)

통해 광고 성과를 꼭 점검한다.' 넷째, '프리미엄 로그분석 서비스를 꼭 신청한다.' 다섯 번째, '경쟁사를 모니터링 한다.' 여섯 번째, '상세페이지를 점검한다.' 이다. 이처럼 전문가의 도움과 정형화된 네이버의 데이터를 기반으로 광고 집행 노력을 지속적으로 기울인다면 소상공인들의 광고효과는 점점 개선될 것이다.

하지만 소상공인들의 기회 비용에 따른 광고 노출이 효과적으로 집행되고 있는지는 아무도 검증을 하지 않고 있다. 그저 네이버가 제공해 주는 광고 로그 분석 자료만 믿고 있는 것이 정답은 아닐 것이다. 이 문제는 네이버만 해당하는 것은 아니다. 배달의민족의 깃발 꽂기나 상위 노출 방식도 같은 방식을 따르고 있다. 이처럼 경매식 광고 시스템은 소상공인들에게는 독이든 사과처럼 느껴질 것이다. 소상공인연합회와 국회에서도 개선을 요구하는 목소리가 지속적으로 있었다. (장은진 · 조성준, 2018, 9, 1)

우리는 이 문제를 단순히 한두 번의 논의로 끝낼 수 없는 어려운 과제라는 것을 안다. 기업의 자율성을 존중해야 하고 정부의 개입은 최소화해야 플랫폼 산업의 진흥이 올바르게 될 것을 알고 있다. 다만, 네이버가 스마트스토어라는 소상공인들이 진입하기 좋은 플랫폼을 구축했으니 이제는 소상공인들과 함께 글로벌커머스 기업으로서의 면모를 보여주고, 혁신적 서비스를 발판삼아 더 큰 성장의 모멘텀을 열어야 한다고 본다. 국내에서는 분명 한계에 봉착할 것이다. 이를 위해 정부가 소상공인들이 플랫폼 네이버와 함께 세계로 뻗어 나갈 수 있도록 도와야 한다. 기간통신사업자들도 함께 힘을 모아야 할 것이다. 또한, 플랫폼 기업들은 코로나19 상황에서 소상공인들에 대한 디지털트랜스포메이션을 돕고, 직접 지원할 수 있는 연대 지원금을 마련할 것을 제시한다.

다음은 검색광고 영역에서 다양한 방법으로 나타나는 부정 클릭과 무효 클릭에 관해 설명하겠다. 네이버 검색광고는 클릭당 과금을 하는 경매식 광고 방식이기 때문에 부정 클릭과 무효클릭 문제에서 벗어나지 못한다. 무효클릭은 검색광고 본래의 취지에 맞지 않는 무의미한 클릭이다. 타 업체의 광고비 소진, 품질 지수 악화, 특정인의 이익을 대변하기 위해 행해지는 모든 클릭을 의미한다. 또 각종 매크로 프로그램을 이용한 경쟁업체 죽이기 문제도 무효클릭에 해당하는 문제이다. 플랫폼 산업에선 무효 클릭과 부정 클릭을 혼용해서 쓰고 있지만 정확하게는 부정한 의도를 가진 클릭은 '부정 클릭'이라 하고, 무효 클릭은 더블클릭 등으로 인하여 발생하는 다양한 기술적 문제나 매크로를 이용한 시스템화된 클릭을 규정할 때 무효클릭이라는 말을 써야 한다.

네이버는 시스템으로 인입되는 IP를 명확하게 분석할 수 있는 부정 · 무효클릭 시스템을 갖추고 있다. 하지만 기술적으로 볼 때 완전하지 않다. 이에 네이버의 클릭당(CPC) 광고비가 적정하게 운영되고 있는지에 대해 제3자의 공신력 있는 기관이 검증해 볼 필요가 있다. 검색 어뷰징이나 부정 · 무효클릭이 연간 얼마나 발생하는지 검증해야 하는 이유는 소상공인들의 광고 집행 금액이 허무하게 빠져나가는 일이 다반사이고 이를 검증하고 싶어도 어디 하나 검증해줄 기관이 없다.

플랫폼 기업 당사자에게 맡기고 있기 때문이다. 또한 억울하게 빠져나가는 클릭 비용에 대해 속 시원히 이유를 알고 싶어도 클릭 로그를 확인하기 위해서는 로그분석 업체, 웹페이지 개발 업체 혹은 호스팅 업체에 직접 트래픽 분석 비용을 지불한 후 그 결과를 네이버에 다시 의뢰해야 한다. 이러한 상황을 볼 때, 소상공인들의 검색광고 집행이 제대로 이뤄지고 있는지와 얼마나 신뢰를 할 수 있는 시스템인지 검증할 수 있는 제도가 필요해 보이며, 무엇보다 이 문제를 해결하려는 정부의 의지가 절실한 상황이다. 소상공인들은 만약 특정 광고나 키워드의 노출 수 혹은 클릭 수가 갑작스럽게 늘어나거나, 광고비의 증가 혹은 클릭 수, 노출 수는 증가하는데 전환(판매량, 계약수 등)은 그대로일 때, 로그 기록들을 보니 동일한 IP에서 방문이 많거나 특정 업체의 IP가 확인됐을 경우 등의 이상 징후를 발견 시 무효·부정 클릭으로 의심한 후 네이버 검색광고 무효 클릭 문의를 통해 신고해야 한다. (네이버 주식회사, 2021, 9, 1e)

〈표 20〉. 네이버 무효 클릭, 부정 클릭 판단 기준

구분	주요내용
무효클릭	검색광고 본래의 취지에 맞지 않는 무의미한 클릭을 의미 광고비 소진, 품질 지수 상승 등 특정인의 이익을 위하여 행해지는 인위적인 클릭 각종 소프트웨어, 로봇 및 자동화된 도구에 의하여 발생하는 클릭 더블 클릭 등으로 인하여 발생하는 무의미한 클릭 그 이외의 검색 이용자의 의도에 반하는 다양한 형태의 클릭
부정클릭	경쟁업체가 광고를 반복 클릭해서 경쟁자의 홍보비용을 증가시키는 행위나 광고 게시자가 광고료를 더 받으려고 자신의 사이트에 기재된 광고를 클릭하는 행위

* 출처: 네이버 주식회사, 무효클릭 판단 기준을 토대로 저자가 재구성(검색일: 2021. 9. 1d)

아울러 우리는 검색광고 영역에서 발생하는 다양한 문제에 대한 대안으로 법적 성격이 있는 정부 기관(공정거래위원회, 방송통신위원회, 한국인터넷진흥원) 중의 한 곳이 검색광고에서 나타나는 분쟁 문제, 부정 클릭(Fraud Click), 수수료율 등을 검증하는 보다 객관적인 플랫폼을 마련할 것을 제시한다. 두 번째는 미국의 ANA(미국 광고주 협회), IAB(미국 인터렉티브 광고 협회)처럼 부정 클릭 등의 온라인 분쟁과 관련한 보고서를 매년 발간 할 수 있는 제3자 분쟁 조정 기관에 대한 명시적 근거를 법률에 마련하는 방안을 합리적으로 검토할 것을 제시한다.

이어서 스마트스토어 서비스이다. 네이버는 2021년 7월 30일까지 스마트스토어 판매자에게 신용/체크카드, 계좌이체, 무통장입금, 휴

대폰 결제, 네이버 페이 보조 결제로 나눠서 부과하던 수수료율을 2021년 7월 31일부터는 결제수단에 관계없이 단일 수수료율 체계로(영세/중소 등급별 우대수수료율 공통적용) 변경했다. (네이버 주식회사, 2021, 7, 31)

〈그림 7〉. 스마트스토어, 2021년 7월 30일까지 결제 수단별 수수료율 변경 전후

변경 전	변경 후(모든 결제단에 적용)
▪ 신용카드 / 체크카드 – 영세 : 2.0% (2.2%) – 중소1 : 2.5% (2.2%) – 중소2 : 2.6% (2.2%) – 중소3 : 2.8% (2.2%) – 일반 : 3.4% (2.2%) ▪ 포인트 / 후불결제 – 적립포인트 : 3.4% (3.74%) – 충전포인트 : 3.4% (3.74%) – 후불결제 : 3.4% (3.74%) ▪ 계좌이체 – 1.5% (1.65%) ▪ 무통장입금(가상계좌) – 0.91%, 최대 250원 (1.0%, 최대 275원) ▪ 휴대폰 결제 – 3.5% (3.85%)	▪ 영세 : 2.0% (2.2%) ▪ 중소1 : 2.5% (2.75%) ▪ 중소2 : 2.6% (2.86%) ▪ 중소3 : 2.8% (3.08%) ▪ 일반 : 3.3% (3.63%)

* 출처: 네이버 주식회사, 스마트스토어센터(검색일: 2021. 10. 3)

이는 결제수단에 관계없이 단일 수수료율 체계로 변경한 것이다. 정리하자면 모든 결제수단에 영세사업자들은 2.2%, 중소 1(2.75%), 중소 2(2.86%), 중소 3(3.08%), 일반은 3.3%를 부과한다. 이 부분에서도 소상공인들 입장에서는 기존에 유지되었던 무통장 입금(1%)과 계좌 입금(1.65%)보다 변경된 수수료가 더 높기 때문에 더 불리하게 작용할 수 있는 부분이다. 네이버는 이를 "계좌, 무통장보다 포인트, 휴대폰 결제 비중이 높기 때문에 영세/중소 판매자일 경우 우대수수료 적용을 받을 가능성이 높다"고 말하고 있는데, 소상공인들에게는 보다 구체적으로 통계를 제시할 필요가 있다.

〈그림 8〉. 스마트스토어 네이버 페이 주문관리 수수료 과금 변경 공지 (2021. 7. 31)

Q. 계좌나 무통장은 오히려 변경 후 수수료가 높은데, 판매자들에게 불리한 것 아닌가요?

A. 계좌, 무통장보다 포인트, 휴대폰 결제 비중이 높기 때문에 영세/중소 판매자일 경우 우대수수료 적용을 받을 가능성이 높습니다.

* 출처: 네이버 주식회사, 스마트스토어센터 N페이 수수료과금 변경공지(검색일: 2021. 10. 3)

네이버의 SME 등급 산정 방식은 판매자가 국세청에 신고한 총 전체 매출을 기준으로 자동으로 적용된다. 이는 네이버의 자사몰/스마트스토어 등도 포함된다. 국세청 매출 등급은 연 2회(1월 말, 7월 말) 업데이트된다. 소상공인들은 매출 금액 조회는 국세청 사이트 신용카드 매출 자료조회 메뉴에서 가맹점 등급 관련 조회는 여신금융 협회 사이트 로그인 후 매출 조회(단 카드사 가맹점 등록 사업자만 가능)에서 확인하면 된다.[40)]

〈표 21〉. 네이버 스마트스토어 판매자 등급 선정 기준

구분	영세	중소1	중소2	중소3	일반
수수료율	2.20%	2.75%	2.86%	3.08%	3.63%

* 출처: 네이버 주식회사, 스마트스토어센터를 토대로 저자가 재구성(검색일: 2021. 10. 3)

40) 매출 금액 조회는 국세청 사이트에서, 가맹점 등급 관련 조회는 여신 금융 협회 사이트에서 확인
- 국세청 https://www.hometax.go.kr/ → 신용카드 매출 자료 조회 메뉴에서 로그인 후 조회
- 여신금융협회 https://www.cardsales.or.kr/ → 로그인 후 매출 조회 (카드사 가맹점으로 등록된 사업자만 가능)

매출 규모에 따른 판매자 구분은 영세는 ~3억 원, 중소 1(3~5억 원), 중소 2(5~10억 원), 중소 3(10~30억 원)으로 분류된다. 예를 들어 2021년 하반기 등급 산정 시 자료 대상 기간은 아래와 같이 개인사업자는 직전 2회 과세기간의 과세표준과 하반기 종료일 직전 연도 사업장 현황 신고서 기준 등으로 나뉜다.

〈그림 9〉. 스마트스토어, 우대 수수료율 적용 및 2021년 하반기 등급 산정기간

구분		기준	2021년도 하반기 등급산정시 자료 대상기간
수수료율	과세	직전 2회 과세기간 (1년의 과세표준의 합계)	3.63%
	면세	하반기 종료일 직전 연도 사업장 현황 신고서	(상반기 종료일 직전 연도) 2020년도 1월 ~ 2020년도 12월
	간이	간이과세자 개인	2020년도 1월 ~ 2020년도 12월
법인		최근 법인세 신고서 기준 (대표자 기준 과세/면세 사업자를 같이 운영한다면 매출액 합계)	2020년도 1월 ~ 2020년도 12월 (최근 법인세 신고서 기준)

* 출처: 네이버 주식회사, 스마트스토어센터 공지사항(검색일: 2021. 10. 3)

(3) 핀테크: 네이버 페이와 소상공인

코로나19의 영향으로 비대면 온라인 거래가 확대된 상황에서 네이버는 자사의 지식쇼핑, 스마트스토어 등을 이용하는 고객 모두를 네이버 페이로 유도하는 고착화(lock-in) 전략을 활용하고 있다. 네이버는 2019년 11월 1일 네이버 페이 사업 부문을 분할하면서 네이버 파이낸셜을 설립했다. 비대면 상황에서의 네이버 파이낸셜의 성장은 이용자의 결제 편의성을 높이고 소비자의 권리와 가맹점의 수익 증대에 큰 역할을 한 것으로 보인다.

실제로 한국은행 (2021, 9, 14)에 따르면 2021년 상반기 중 간편결제 서비스 이용 실적(일평균)은 5,590억 원, 1,821만 건으로 전기 대비 각각 12.5%, 12.9% 증가하였으며, 간편 송금 서비스는 4,819억 원, 407만 건으로 전기 대비 각각 23.5%, 13.1% 증가한 것으로 나타났다.

이 결과는 코로나19 팬데믹이 장기화되면서 비대면 플랫폼 시장이 지속적으로 강세를 보이고 있다는 의미로 해석된다. 문제는 2020년 상반기 중 선불전자 지급 서비스 이용건수(일평균)는 1,998만 건으로 전기 대비 0.6% 감소한 반면, 이용금액(일평균)은 4,306억 원으로 26.9% 증가했다는 점이다.[41] 한국은행(2020)에 따르면 이용 건수는 대면 수업 축소 등에 따라 대중교통 이용이 감소하면서 교통카드를 중심으로 감소한 것이고 이용금액은 간편 송금이 지속해서 확대되는 가운데 금융기관이 발행하는 선불카드(예: 기프트카드)로 긴급재난지원금을 수령하여 이용함에 따라 증가세를 유지했다. 이는 코로나19에서 나아가 오미크론 바이러스가 확산하고 있는 현재 시점(2021년 12월 3일, 기준)에서 볼 때 향후에도 간편 결제는 확대될 것이고 우리 사회가 현재 얼마나 심각한 고통 속에 직면해 있는지 보여준다.

팬데믹 상황에서의 비대면 시장은 점점 더 커져만 갈 것이다. 플랫폼의 핀테크 시장을 이해하는 것이 포스트 코로나(post corona)라는 새롭게 다가올 시대를 대비하는 것일 수 있다.

핀테크 시장을 개괄적으로 이해하기 위해서는 일단 간편결제와 간편송금을 알아야 한다. 한국은행이 밝히고 있는 간편결제의 정의는 모바일에 미리 저장해둔 신용카드, 은행 계좌 등의 정보 또는 충전한 선불금 등을 이용하여, 거래 시 비밀번호 입력, 단말기 접촉 등의 방법으로 간편하게 결제하는 서비스이다. 간편송금은 모바일을 통해 계좌이체 등의 방법으로 충전한 선불금을 전화번호, SNS 등을 활용해 수취인에게 송금하

---

41) 한국은행(2020). 상반기 중 전자 지급 서비스 이용 현황: (선불전자 지급 서비스) 이용건수는 대면 수업 축소 등으로 선불교통카드 이용이 줄어들면서 전기 대비 0.6% 감소하였으나, 이용금액은 간편송금 이용 확대, 선불카드 기반 긴급재난지원금 지급 등에 따라 26.9% 증가

는 서비스로서 선불전자 지급 서비스에 포함된다.

〈표 22〉. 간편결제 서비스 이용 현황 (일평균 기준)

(단위: 억 원, 만 건)

	2019		2020		2021	증감(B–A)[3]	
	상반기	하반기	상반기	하반기(A)	상반기(B)		
■ 이용금액	2,876.20	3,461.00	4,009.00	4,969.00	5,590.00	621	−12.5
전자금융업자	1,076.30	1,319.80	1,755.50	2,346.20	2,762.00	415.8	−17.7
(신용카드)	791.5	918.3	1,169.60	1,535.00	1,776.90	241.9	−15.8
(선불)	185.2	303.3	471.3	663.8	805.5	141.7	−21.3
(계좌)	99.6	98.2	114.6	147.4	179.6	32.2	−21.8
휴대폰제조사	795.1	1,000.20	980	1,159.80	1,236.70	76.9	−6.6
금융회사	1,004.80	1,141.00	1,273.50	1,463.00	1,591.30	128.3	−8.8
■ 이용건수	881	1,131.50	1,293.20	1,612.90	1,821.00	208.1	−12.9
전자금융업자	365.2	482.6	635.9	857.8	1,033.40	175.6	−20.5
(신용카드)	197.3	241.6	323	434.2	518.6	84.4	−19.4
(선불)	139.3	214	276.8	372.7	453.1	80.4	−21.6
(계좌)	28.6	27	36.1	50.9	61.7	10.8	−21.2
휴대폰제조사	332	438.7	411.7	483.1	497.1	14	−2.9
금융회사	183.8	210.2	245.6	272	290.5	18.5	−6.8

* 출처: 한국은행 (2021. 9. 13). 2021년 상반기 중 전자 지급 서비스 이용 현황.

〈표 23〉. 간편송금 서비스 이용 현황 (일평균 기준)

(단위: 억 원, 만 건)

	2019		2020		2021	증감(B-A)[1]	
	상반기	하반기	상반기	하반기(A)	상반기(B)		
■ 이용금액	2,004.70	2,682.10	3,226.00	3,902.10	4,818.50	916.4	−23.5
전자금융업자	1,879.00	2,484.70	2,971.20	3,611.50	4,488.30	876.8	−24.3
금융회사	125.7	197.4	254.8	290.6	330.2	39.6	−13.6
■ 이용금액	218.1	278.3	291.5	359.9	407.2	47.3	−13.1
전자금융업자	205.6	262.4	273.7	338.4	376.2	37.8	−11.2
금융회사	12.5	15.9	17.8	21.5	31	9.5	−44.2

* 출처: 한국은행 (2021. 9. 13), 2021년 상반기 중 전자 지급 서비스 이용 현황.

〈표 24〉. 선불전자지급 서비스 이용 현황 (일평균 기준)

(단위: 억 원, 만 건)

	2019		2020		2021	증감(B-A)[3]	
	상반기	하반기	상반기	하반기(A)	상반기(B)		
■ 이용금액	2,465.00	3,394.20	4,306.40	5,041.30	6,246.90	1,205.60	−23.9
전자금융업자	2,308.20	3,163.60	3,787.20	4,642.80	5,811.70	1,168.90	−25.2
(간편결제)	185.2	303.3	471.3	663.8	805.5	141.7	−21.3
(간편송금)	1,879.00	2,484.70	2,971.20	3,611.50	4,488.30	876.8	−24.3

	2019		2020		2021	증감(B−A)[3]	
	상반기	하반기	상반기	하반기(A)	상반기(B)		
(교통카드)	122.5	126.2	97.8	101.4	101.3	−0.1	(−0.1)
금융회사	156.8	230.6	519.2	398.5	435.2	36.7	−9.2
■ 이용건수	1,636.30	1,867.30	1,784.90	1,942.20	2,228.40	286.2	−14.7
전자금융업자	1,608.10	1,834.40	1,650.30	1,867.30	2,133.80	266.5	−14.3
(간편결제)	139.3	214	276.8	372.7	453.1	80.4	−21.6
(간편송금)	205.6	262.4	273.7	338.4	376.2	37.8	−11.2
(교통카드)	1,160.50	1,180.80	862	879.4	890	10.6	−1.2
금융회사	28.2	32.9	134.6	74.9	94.6	19.7	−26.3

* 출처: 한국은행 (2021. 9. 13). 2021년 상반기 중 전자 지급 서비스 이용 현황.

또한 2021년 6월 말 기준 간편결제 및 간편송금 서비스 조사대상 업체는 각각 46개, 21개로 확인된다. 단연 카카오 페이와 네이버 파이낸셜, KG이니시스, 토스 페이먼츠 등이 선두를 달리고 있는 모양새다.

휴대폰 제조사로는 삼성전자가 삼성 페이로 가장 앞서 있고, 그 다음은 LG페이다. 금융회사는 카드 8개 페이북, KB페이, 앱카드, 핸드페이 등이 있다. 은행은 금융 정보화 추진협의회와 국민은행, 기업은행 농협은행 등이 있다. 간편송금 서비스 업체는 전자금융 업자로 15개가 대상이다.

비바리퍼블리카(토스), 네이버 파이낸셜(네이버 페이), 카카오 페이(카카오 페이), NHN페이코(페이코), 등이 있다. 금융회사는 6개로 우리은행(위비 모바일 페이), 하나은행(N Wallet, 돈 통 등), 하나카드(하나 멤버스 하나톡), 국민은행(리브머니 보내기), 케이뱅크(퀵 송금), 카카오뱅크(미니) 가 있다.

〈표 25〉. 간편결제 서비스 조사대상 업체

<table>
<tr><th colspan="2">구분</th><th>업체명(서비스명)[1)]</th></tr>
<tr><td colspan="2">■ 전자금융업자(29)</td><td>카카오페이(카카오페이), 네이버파이낸셜(네이버페이), KG이니시스(KPAY), 토스페이먼츠(Paynow), 하렉스인포텍(UBpay), NHN페이코(페이코), 섹타나인(카드자동결제), 스마트로(SS페이), 비바리퍼블리카(토스페이), 이베이코리아(스마일페이), 에스에스지닷컴(SSG페이), 롯데멤버스(L.pay), 인터파크홀딩스(원페이), 우아한형제들(배민페이), 쿠팡페이(쿠페이), 십일번가(SK페이), 다날(NC페이, 아프리카페이 등), 쿠콘(체크페이), 위메프(위메프페이), 세틀뱅크(세틀뱅크머니), 코나아이(코나카드 등), 한국조폐공사(모바일 지역사랑상품권), 차이코퍼레이션(차이페이), 통통(센드), 뱅크샐러드(뱅샐머니), 한국선불카드(모바일팝), 로드시스템(로드페이), 블루월넛(Took), 지머니트랜스(지머니페이)</td></tr>
<tr><td colspan="2">■ 휴대폰제조사(2)</td><td>삼성전자(삼성페이), LG전자(LG페이)</td></tr>
<tr><td rowspan="2">■ 금융회사 (15)</td><td>카드사(8)</td><td>BC카드(페이북), 국민카드(KB페이), 롯데카드(앱카드, 핸드페이), 삼성카드(앱카드), 신한카드(PayFAN), 우리카드(우리페이), 하나카드(하나1Q페이), 현대카드(앱카드)</td></tr>
<tr><td>은행등(7)</td><td>금융정보화추진협의회(모바일현금카드)[2),]국민은행(리브뱅크페이), 기업은행(선물하기), 농협은행(올원페이, NH앱캐시), 신한은행(SOL Pay), 하나은행(N Wallet, 돈통 등), 케이뱅크(케이뱅크페이)</td></tr>
</table>

* 출처: 한국은행 (2021. 9. 13). 2021년 상반기 중 전자 지급 서비스 이용 현황.

1) 굵은 표시는 2021년 상반기 중 신규 조사대상 업체

2) 14개 국내 은행 및 농협 · 수협중앙회가 제공

〈표 26〉. 간편송금 서비스 조사대상 업체

구분	업체명(서비스명)[1]
▪ 전자금융업자(15)	비바리퍼블리카(토스), 네이버파이낸셜(네이버페이), 카카오페이(카카오페이), NHN페이코(페이코), 쿠콘(체크페이[2]), 코나아이(코나머니 송금), 핀크(핀크), 에스에스지닷컴(SSG페이), 디셈버앤컴퍼니자산운용(핀트), 통통(센드), 핀샷(코인샷머니), 뱅크샐러드(뱅샐머니), 한국선불카드(모바일팝), 오케이인베스트먼트(올리고머니), **지머니트랜스(지머니페이)**
▪ 금융회사 등(6)	우리은행(위비모바일페이), 하나은행(N Wallet, 돈통 등), 하나카드(하나멤버스 하나톡), 국민은행(리브머니 보내기), 케이뱅크(퀵 송금), 카카오뱅크(미니)

* 출처: 한국은행 (2021. 9. 13). 2021년 상반기 중 전자 지급 서비스 이용 현황.
  1) 굵은 표시는 2021년 상반기 중 신규 조사대상 업체
  2) 토스 페이먼츠(Paynow)와의 제휴실적 포함

네이버 파이낸셜은 2021년 9월 30일 기준으로 선불 충전금 규모가 79,297,960,468원 (9월29일 선불 충전금 잔액)[42]을 보유하고 있다. 쇼핑몰 구축은 대행사를 통해 이뤄지고 있으며 상품관리도 대행이 가능하다. 현재 네이버 파이낸셜은 이셀러스, 샵링크를 네이버 페이 전용몰

42) 「금융규제 운영 규정」 제8조 및 「전자 금융업자 이용자 자금 보호 가이드라인」(행2020-61001)에 따라 네이버 파이낸셜 주식회사에서 이용자로부터 수취한 선불 충전금의 관리 현황을 공시

대행사로 선정한 상태이다. 네이버 페이 센터 가입을 위해서는 쇼핑몰 사이트(PC 또는 모바일 웹)를 운영하고 있어야 한다. PC와 모바일 웹을 각각 운영하는 경우에는 모두 주문/결제 시스템을 연동해 줘야 한다. 또한 PG사에 가입되어 있어야 한다. 실제 결제 시 해당 PG사를 통해 정상적으로 결제가 진행되어야 하기 때문이다. 네이버 페이 제휴 PG사는 이니시스, KCP, 토스 페이먼츠, 올앳, 올더게이트, 한국정보통신(KICC)로 되어 있다. 네이버 파이낸셜은 홈페이지 구축, 운영 관리 및 PC사 까지 모두 전용 제휴사를 통할 것을 유도하는 방식을 택하고 있다. 또한 네이버 페이 이용규칙을 만들어 가맹점이 임의로 네이버 페이 버튼을 비노출하는 것을 금지하고 있으며 디자인 또한 변경하지 못하게 하고 있다. 이러한 네이버 페이의 이용규칙을 위반하는 경우에는 이용정지 및 강제 퇴점 등의 조치가 취해진다. 또 네이버 페이 포인트는 구매 적립 포인트와 구매평 적립 포인트로 나뉜다. 구매 적립 포인트는 구매자가 상품 구매 시 적립되는 네이버 포인트로 적립률이 0.1%~15%(0.1단위)이며, 구매평 적립 포인트는 구매자가 구매평 작성 시와 프리미엄 구매평의 작성 시 적립된다. 결제 수수료는 네이버 페이 주문 건에만 부과되며, 2021, 4월부터 가맹점 타입별로 명칭이 변경됐다. 가맹점은 주문형 가맹점, 블로그 마켓, 예약 가맹점, 결제형 가맹점으로 나뉜다. 네이버 페이 기본 수수료율 또한 영세, 중소 1, 중소 2, 중소 3, 일반으로 수수료율이 책정되고 있다.

〈그림 10〉. 네이버 페이 기본 수수료율 및 결제 수수료 대상

● 결제수수료는 네이버페이 주문건에만 부과되며, 2021년 4월 부터 가맹점 타입별로 명칭이 변경되었습니다.

가맹점 타입	(구) 결제수수료 명칭
주문형 가맹점	네이버페이 주문관리 수수료
블로그 마켓	네이버페이 주문관리 수수료
예약 가맹점	네이버페이 예약주문관리 수수료
결제형 가맹점	결제수수료 (변동없음)

● 기본수수료율은 아래와 같으며 별도 협의된 수수료의 경우 네이버페이 담당자를 통하여 개별적으로 확인할 수 있습니다.

가맹점 타입	VAT 포함여부	영세	중소1	중소2	중소3	일반
주문형 가맹점, 블로그 마켓	VAT미포함	2.00%	2.50%	2.60%	2.80%	3.30%
	VAT포함	2.20%	2.75%	2.86%	3.08%	3.63%
결제형 가맹점	VAT미포함	1.10%	1.60%	1.70%	1.90%	2.50%
	VAT포함	1.20%	1.76%	1.87%	2.09%	2.75%
네이버예약	VAT미포함	2.0%	2.5%	2.6%	2.8%	2.9%
	VAT포함	2.20%	2.75%	2.86%	3.08%	3.19%
네이버주문 / 매장결제 (헤어샵, 네이샵)	VAT미포함	1.0%	1.5%	1.6%	1.8%	2.9%
	VAT포함	1.10%	1.65%	1.76%	1.98%	3.19%

* 출처: 네이버파이낸셜 주식회사, 정산관리자 매뉴얼(검색일:2021. 10. 19a)

아울러 공정거래위원회가 네이버 쇼핑, 동영상 시장 지배적 지위 남용행위 등 제재 과징금(쇼핑 약 265억 원, 동영상 2억 원)을 부과할 때 네이버 페이에 대한 문제가 거론된 바 있다.[43] 공정거래위원회의 네이버 과징금 사건을 보면 네이버 페이 서비스의 출시(15. 6월)를 앞두고 네이버페이 담당 직원이 네이버 검색에서 해당 사업을 지원해 줄 것을 요청하였고, 네이버는 자사 오픈마켓 상품의 노출을 더욱 늘리기 위해 오픈마켓 상품 노출 제한(cut-off) 개수를 8개에서 10개를 늘린 것이 확인된다. 이렇게 컷오프 개수를 늘리는 것은 자사 서비스가 검색에 유리하게 적용되도록 가중치를 조정했다는 개념으로 보면 된다. 노출 제한을 8개로 하다가 10개로 하면 기존의 스토어보다 수치상 약 20% 이상의 노출이 더 생긴다는 가정하에 그에 따른 수익은 막대하게 증가할 것이기 때문이다. 논리적으로 볼 때 약 20%가량의 증가 수치는 고스란히 타 사업자의 손실로 돌아갈 수 있다. 한편 스마트스토어의 노출을 늘리는 것은 네이버가 추구하는 SME 사업서비스 취지와 부합하고 소상공인들에게 기여한

43) 공정거래위원회(위원장 조성욱)는 네이버㈜가 쇼핑 · 동영상 분야 검색 서비스를 운영하면서 검색 연산 방식 (이하 '알고리즘')을 인위적으로 조정 · 변경하여 자사 상품 · 서비스(스마트스토어 상품, 네이버 TV 등)는 검색 결과 상단에 올리고 경쟁사는 하단으로 내린 행위에 각각 시정 명령과 과징금을 부과하기로 결정하였다. * (쇼핑) 약 265억 원, (동영상) 2억 원, 이 사건은 네이버가 자신의 검색 알고리즘을 조정 · 변경하여 부당하게 검색 결과 노출 순위를 조정함으로써 검색 결과가 객관적이라고 믿는 소비자를 기만하고 열린 장터(이하 '오픈 마켓')와 동영상 온라인 중개(이하 '플랫폼') 시장의 경쟁을 왜곡했다는 공정위의 주장이다.

것으로도 볼 수 있는 부분이다. 또 검색 알고리즘은 수시로 변하는 플랫폼의 특성상 연간 수십 번을 바꾸는 일을 반복했을 것이다. 이번 공정위의 과징금 조치가 당연히 플랫폼 산업을 저해하려는 의도는 아니겠지만, 플랫폼 사업자의 불공정한 행위를 보다 명확하게 짚었어야 했다는 문제 제기가 나올 수 있는 부분이다. 과징금 조치에 대해서는 네이버가 공정거래위원회를 상대로 법정 공방을 이어가고 있다. (김정유, 2021, 11, 30)

〈표 27〉 네이버(주) 소속 직원 내부 이메일 (2015. 4. 9)

직원1	쇼핑 검색에서 diversification 로직을 조금 변경하려 합니다. 현재 soft goods 검색 결과에 스토어팜 도배현상을 방지하기 위해 대략 20%를 넘지 않게 하는 cut-off 로직이 들어가 있는데요. (첫 페이지 40개 기준 8개)이 비율을 얼만큼 & 어느 정도 속도로 조정해 갈 것인가? 사업적 판단을 하면 그에 맞게 테스트를 진행해볼 예정이고, 외부 이슈를 hedge 하면서 갈 숫자를 찍어야 하는데요. 어느 정도가 적당할지 의견을 주시면 감사하겠습니다.
직원2	적당한 선이라는 게 결정하기 쉬운 일은 아닌 것 같습니다. 염려되는 부분이 제휴몰에서의 이슈 제기일 텐데요, 혹시 5%씩 늘려가면서 외부 반응을 살펴볼 순 없나요? 25, 30, 35% 이런 식으로 일정 기간이 지날 때마다 조금씩 늘려가면서 외부 반응을 보면 적정선을 찾을 수 있을 것 같은데요.. 이런 방법은 어렵나요?
직원1	예전 체크아웃 아이콘 대비 네이버 페이 아이콘 디자인이 쎄지면서 좀 걱정스럽긴 하더라구요. ㅠ 분명히 누군가 이 숫자 세고 있는 넘 있다...에 열표 던지거덩요...
직원1	OOO 셀장님이 먼저 들이미신 내용이라...(검색에서 페이 좀 더 레버해주면 안되겠냐는...) 마지막 콜 주시면... 모델링과 실험 진행 들어가겠습니다.
직원3	저는 콜입니다!

* 출처: 공정거래위원회 (2020. 10. 7)에서 재인용. 네이버(주) 시장지배적 지위 남용행위 제재의 건[44)]

이 같은 문제는 네이버가 페이 수수료, 거래액, 체류시간 모두 타 사업자인 카카오, 다나와, 에누리 등 보다 70% 이상의 압도적인 점유율을 보유한 데에서 비롯된다. 물론 플랫폼 사업자들은 점유율을 기반으로 하는 경제구조를 가지고 있기 때문에 시장경제 차원에서 규제를 하는 것이 맞느냐라는 문제제기가 있을 것이다.

하지만 이미 고착화(lock-in) 된 점유율과 포털의 검색(search) 인입과는 별개로 생각을 해야 한다. 예를 들어, 플랫폼 게임사업자가 이용자를 이미 고착화(lock-in) 한 점유율을 통해 수익을 올리는 것과 실시간으로 공중파 방송, 라디오 등에서 발생한 니즈가 플랫폼(포털)으로 크로스 미디어(cross media) 되면서 발생하는 '검색 점유율'과는 분명 다른 개념이라는 것이다. 또한 우리 법상(표시광고법) 포털의 검색은 정보와 검색은 명확하게 구별되어야 한다.[45] 만약 검색광고 노출에 있어서 네이버가 우월적 지위를 이용한 것이 명확하게 밝혀진다면 공정거래위원회의 과징금 조치는 정당한 것으로 보인다.

네이버의 압도적인 시장점유율은 네이버만이 소유할 수 있는 것도

---

44) 공정위: 시장 지배적 지위 남용 행위 중 다른 사업자의 사업 활동 방해 행위(공정 거래법 제3조의 2 제1항 제3호, 동 법 시행령 제5조 제3항 제4호), 불공정 거래 행위 중 차별 취급 행위 및 부당한 고객 유인 행위, (공정 거래법 제23조 제1항 제1호, 동 법 시행령 제36조 제1항 별표 1의 2 2. 차별적 취급 및 동 법 제23조 제1항 제3호, 동 법 시행령 제36조 제1항 별표 1의 2 4. 나. 위계에 의한 고객 유인), (조치 결과) 네이버에 시정 명령과 과징금(약 265억 원)을 부과하기로 하였다.

아니다. 이에 정부가 동 시장의 경쟁 플랫폼 사업자와 공정하게 사업을 영위할 수 있게 조치하는 것이 시장경제 차원에서도 맞는 일이다. 실제로 네이버 쇼핑의 온라인 비교 쇼핑 서비스 시장 점유율 현황을 보면 네이버가 PC/모바일 점유율이 12%까지 상승할 때 타 업체들은 모두 마이너스를 기록했다.

실제로 소비자들은 한정된 노출 영역 상위 1위 2위에 보이는 리스트 형식의 검색광고를 주로 클릭하기 때문에 상위 영역에 노출되지 않는 맨 하단 영역은 경쟁력이 없다고 해도 무방하다.

〈표 28〉. 네이버(주) 쇼핑 내 오픈 마켓 사업자별 노출 점유율 (PC기준)

구분	네이버(주)	A사	B사	C사	D사	기타
'15.3월	12.68%	12.05%	12.38%	10.18%	7.62%	45.09%
'18.3월	26.20%	10.02%	8.51%	8.26%	6.25%	40.76%
증가율	+12.34%p	-2.03%p	-3.87%p	-1.92%p	-1.37%p	-4.33%p

* 출처: 공정거래위원회 (2020. 10. 7)에서 재인용. 네이버(주) 시장지배적 지위 남용행위 제재의 건

45) 표시 · 광고의 공정화에 관한 법률: 제1조(목적) 이 법은 상품 또는 용역에 관한 표시 · 광고를 할 때 소비자를 속이거나 소비자로 하여금 잘못 알게 하는 부당한 표시 · 광고를 방지하고 소비자에게 바르고 유용한 정보의 제공을 촉진함으로써 공정한 거래 질서를 확립하고 소비자를 보호함을 목적으로 한다.

〈표 29〉. 오픈 마켓별 시장 점유율(거래액 기준)

구분	네이버(주)	A사	B사	C사	D사	E사	합계
2015년	4.97%	27.03%	38.30%	25.97%	3.15%	0.58%	100.00%
2018년	21.08%	21.78%	28.67%	18.16%	2.57%	7.74%	100.00%

* 2018년은 2018년 1월 ~ 2018년 6월까지의 합산임.

** 출처: 공정거래위원회 (2020. 10. 7)에서 재인용. 네이버(주) 시장지배적 지위 남용행위 제재의 건.

나아가 네이버 파이낸셜의 미래에셋 캐피털, 우리은행과 함께하는 스마트스토어 사업자 대출이 출시 약 10개월 만에 총 대출액 1천억 원을 돌파했다. 2020년 12월 미래에셋 캐피털 스마트스토어 대출 런칭을 하였고, 2021년 1월 신청기준을 3개월 연속 매출 1백만 원에서 50만 원으로 신청 기준을 완화했다. 2021년 5월에는 대출 약정액이 500억 원이었으나 2021년 7월 우리은행 스마트스토어 대출까지 런칭하면서 2021년 9월 대출 약정액이 1,000억 원으로 약 2배 상승한 것이다. 이에 대해 네이버는 스마트스토어 사업자 대출은 일정 기간 금융 이력이 없어 대출이 불가하거나 고금리로만 대출을 받을 수밖에 없던 온라인 사업자를 위한 업계 최초의 무담보 신용대출 상품이라고 홍보하고 있다. (네이버파이낸셜(주), 2021, 10, 19b) 흥미로운 점은 네이버 대출을 받은 사업자의 60%는 MZ 세대, 20%는 스마트스토어 업력이 1년도 안 된 초기 사업자라는 것이다(네이버(주), 2021). 또한 네이버 파이낸셜(주)에 따르면 미래에셋 캐피털의 지정 대리인으로서 신용평가에 활용하는 대안 신용평가시스템(ACSS)을 통해 신용등급이 상승해 더 유리한 조건으로 대출을 받게 된 사업자는 전체의 60%이며, 이중 대출이 어려웠지만, 승인으로 전환된 비율은 19.1%로, 우리은행 스마트스토어 대출 도입 이전보다 약 3.4% 상승한 것으로 나타났다. 네이버는 대출 서비스가 SME의 금융 사다리 역할로 자리 잡아 나가고 있다고 대대적으로 홍보하고 있다. 하지만 스마트스토어를 개설하는 MZ 세대들의 현실에 대해 좀 더 고민을 해봐야 할듯하다. 코로나19로 인해 청년들의 일자리가 사라지고 있는 상황이다. (김우보, 2021, 12, 8) 작금의 상황에서 청년들이 플랫폼을 창업의 돌파구로 삼고 있는 것은 긍정적인 면이다. 다만 기존 대출이 어려웠던 사업자들에게 대출을 승인한 비율이 19.1%라는 것이 절대적으로 온라인 SME의 금융 사각지대를 해소하는 것은 아니다. 더 많은 대출은 더 많은 빚을 낳게 한다는 우려가 있다. 실제로 자영업자 대출이 이미 전체 가계 대출의 절반을 차지하는 상황에서 이들에 대한 대출을 더 늘릴 경우 금리 상승 국면에서 빚 갚기 부담은 더 커질 수밖에 없다. (박예원, 2021, 12, 4) 네이버가 대출 승인을 늘려 SME를 돕는 것이 진정 소상공인들에게 도움이 되는 것인지 고민해 봐야 할 부분이다. 이처럼 플랫폼 기업이 대출 승인을 하고 생색낼 것이 아니라 프랑스처럼 코로나19로 수혜를 받은 기업들이 연대하여 기금을 조성하고 이를 소상공인들에게 지원할 수 있는 합리적인 방안을 마련할 것을 제시한다. (이정훈, 2021, 10, 5)

(4) 콘텐츠 서비스: 웹툰, 메타버스(제페토)

네이버의 콘텐츠 서비스는 플랫폼을 이용한 웹툰, 웹 소설, 뮤직, V LIVE, 스노우, Zepeto 등이 있다. 이중 네이버가 독보적인 지위에 있는 웹툰과 제페토를 위주로 설명을 이어나가겠다. 이 책에선 빅테크와 소상공인들의 진흥을 위한 서비스를 다루는 게 목적이기 때문에 웹툰과 제페토에서 활용할 수 있는 광고 상품과 문제를 설명하도록 하겠다. 국내 웹툰 시장은 작가 수가 2010년 443명에서 2020년 11월 8,679명으로 약 20배, 웹툰 누적 작품 수가 2010년 667편에서 2020년 11월 11,630편으로 약 17배 증가하는 등 빠르게 성장 중이다. (유안타 증권 리서치센터, 2021)

네이버는 2021년 Wattpad 인수를 했다. Wattpad(왓패드)는 2006년 캐나다에서 설립된 UGC(User Created Contents) 소설 공유 서비스이다. Wattpad는 신생 작가들에게 출판 및 파트너와 연결을 해주었고 1,000개 이상의 자체 플랫폼을 이용한 스토리가 영화와 출판에 적용되었다. 매월 9,000만 명 이상의 사용자가 230억 분을 사용하는 세계 최대 소셜 스토리텔링 플랫폼으로 주목받고 있다. 네이버 웹툰의 월 사용자 수가 7,200만 명이라는 점을 고려해 볼 때 양사의 통합으로 약 1억 6,000만 명 이상의 사용자를 확보한 셈이다. (김인경, 2021, 1, 20)

세계 디지털 만화 시장은 2013년 1,500억 원에서 2016년 5,840

억 원, 2022년 1조 6천억 원으로 크게 성장했다. (정보통신산업진흥원, 2021)

네이버가 공개한 내부 데이터에 따르면 웹툰 이용자 연령층은 웹툰의 특성상, 비교적 젊은 층의 구성이 높은 편이다. 20대가 44%로 가장 높고 그다음 30대(24%), 10대(13%), 40대(13%)로 나타났다. 매년 네이버의 웹툰은 200 작품 이상의 콘텐츠가 연재되고 있다. 2014년 205건에서 2019년 320건으로 평균적으로 200건을 상회하는 수치이다. 베스트 도전 만화 승격 기준을 보면 도전 만화에서 인기를 획득한 작품은 베스트 도전 만화로 승격이 가능하다.

이는 ①웹툰 콘텐츠의 등록 누적치, ②독자가 부여하는 별점, 댓글, 조회 수, 주소 복사 수, 스크랩 수의 누적치, ③운영자의 정성 평가의 기준으로 선정된다. 베스트 만화일수록 당연히 구독자가 많고 광고 효과도 높다. 이러한 높은 웹툰의 인기에 힘입어 네이버는 광고 상품을 출시하고 있다. 네이버의 웹툰 광고는 네이버 웹툰을 마케팅 툴로 활용하는 방법이다. 네이버는 이를 미디어 인게이지먼트(engagement)에서 브랜드 인게이지먼트(engagement)로의 전환을 노릴 수 있다고 홍보하고 있다.[46] 브랜드 웹툰은 회사의 제품을 주제로 웹툰 시리즈를 제작하여 연재

46) 인게이지먼트 : 소비자가 특정 대상에 대해 느끼는 친밀감과 영향력. 참여와 공유를 끌어내는 연결고리

하는 상품을 말한다. 웹툰이라는 플랫폼을 이용하여 메시지나 그림, 스토리를 쉽고 재밌게 전달할 수 있다는 장점이 있다.

웹툰 PPL(product placement) 상품은 연재 중인 웹툰의 하단에 원작 캐릭터를 이용한 짧은 스토리텔링이 가능한 상품으로 작품의 흐름과 이어지도록 스핀오프[47] 형태로 구성된다.

이 상품은 이미지 형, 슬라이드 형, 동영상 형, 스토리 형으로 나뉜다. 웹툰 스토리처럼 자연스럽게 브랜드를 노출하는 방법은 스토리 형이라 하고, 브랜드 노출에 초점을 맞추는 것은 이미지 형/동영상 형/슬라이드 형이라고 보면 된다. 또 웹툰 PC에 단독으로 노출되는 독점 형 DA(디스플레이 광고) 등의 다양한 상품이 있다.

47) 스핀오프는 오리지널 영화나 드라마를 바탕으로 새롭게 파생되어 나온 작품

〈그림 11〉. 세계 웹툰 시장 및 네이버연재 만화 연재 현황

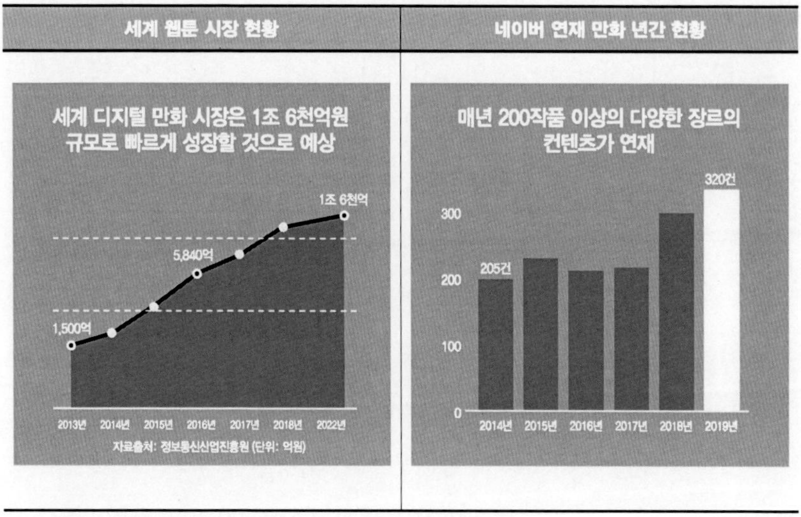

* 출처: 네이버 주식회사, 네이버웹툰 매체 소개서 설명자료(검색일: 2021. 12. 8)

국내 웹툰 시장은 넷플릭스의 출현으로 영화와 드라마화되면서 크게 두각을 보이고 있다. 최근 넷플릭스 오리지널이라는 콘텐츠로 오징어 게임, 지옥이라는 한류 콘텐츠가 세계적으로 인기를 끌었다. 이는 기존 구독자들의 재미를 끌었던 웹툰을 영화화 했을 때 그 홍보 효과는 보장이 되기 때문이다. 실제로 K-웹툰이라는 말이 생겼을 만큼, 해외에서도 K-콘텐츠에 대한 관심이 뜨겁다. 네이버가 공개한 데이터에 따르면 정식 연재 작가는 총 359명이며, 평균 연수익은 3억 1,000만 원에 이른

다고 한다. 특히 네이버의 상위 20위 작가의 평균 수익은 17억 5,000만 원에 달했다. (기획재정부, 2021, 7, 8)

전체 연재작가의 62%인 221명이 연 1억 원 이상의 수익을 올린 것으로 나타났다. 하지만 플랫폼 웹툰 환경에서 모두가 성공할 수 있는 것은 아니다. 자신의 웹툰이 드라마와 영화화되기까지 작가들은 치열한 경쟁을 해야 한다. 실제로 웹툰 작가들의 생계는 녹록지 않다. 한국콘텐츠진흥원(2021)의 통계에 따르면 최근 1년 이내 작품 연재 작가들의 평균 수입은 4,840.5만 원인 반면, 5,000만 원 이상의 작가는 30.6%로 나타났고, 5,000만 원 미만의 작가가 69.5%에 달하는 것으로 조사되었다.

또한, 웹툰 창작 활동의 어려움으로 작가들은 과도한 작업으로 정신적, 육체적 건강 악화, 연재 마감 부담으로 인한 작업 시간 및 휴식 시간 부족 등, 경제적 어려움을 겪는 작가들이 70%나 되었고, 특히 플랫폼/출판사와의 관계 어려움을 겪고 있는 작가는 16.4%에 달했다. 코로나19 이후 창작 환경 변화에는 신규 계약 및 연재 기회 감소, 연재 지연으로 인해 소요되는 작업 시간의 증가 등을 애로사항으로 꼽았다.

이 통계는 모든 플랫폼 웹툰 작가를 상대로 조사한 것이 아니지만 향후 웹툰 플랫폼의 역할과 개선해야 할 점을 알려주는 의미 있는 조사이다. 또 기존 오프라인 시장에서 겪었던 다양한 애로사항을 개선하여 작가들의 생계 안정을 위한 금융지원 등 플랫폼 기업들이 지향해야 할 부분이 무엇인지 알려주고 있다. 이에 우리는 한국 웹툰 시장의 건전한 발전을 위해 다음과 같은 방안을 제시한다.

① 창작자의 플랫폼 특성에 맞는 K-콘텐츠 서비스(웹툰, 동영상, 음원 등) 진흥 가이드라인이 담긴 (가칭)K-콘텐츠기본법 제정을 제시한다. 이는 K-콘텐츠 시장에서 발생하는 다양한 분쟁을 관리 할 수 있는 관리 진흥청과 국무총리 산하의 K-콘텐츠 진흥위원회의 신설 및 플랫폼 기업의 지식 재산권 교육, 변호사 지원제도, 콘텐츠 진흥관리 방안 등이 담긴 제정법 신설을 제시하는 것이다.

② 웹툰 작가들의 창작 활동 및 환경 개선을 위한 경종을 울려야 한다. 통계청의 통계법 기반으로 다양한 K-콘텐츠 시장의 실태조사를 시행해서 국회의 과방위, 문체위, 기재위 등에 산재해 있는 콘텐츠 서비스 관련 문제를 통합 조사하고 이를 기초자료로 활용할 수 있는 자료를 매년 발표하는 방안을 제시한다.

③ 창작자 복지 개선과 계약 및 거래 관행에서의 불공정 부분 해소, 불법 유통 및 저작권 침해 문제를 정부가 해결하는 (가칭)K-콘텐츠 지원센터 설립과 특허청, 문체부가 이를 관리할 수 있는 통합 관리 시스템을 구축할 것을 제시한다.

④ 코로나19로 인해 창작 환경 변화에 어려움을 겪는 작가들을 위한 콘텐츠 재난지원금 신설과 코로나19로 수혜를 본 플랫폼 기업들의 자발적 연대기금으로 작가들을 지원할 수 있는 종합적인 지원방안을 마련할 것을 제시한다.

⑤ 2020년 기준 웹툰 작가의 여성 비율이 60.8%이므로 여성 작가들에 대한 처우개선, 복지와 고용의 질을 개선할 수 있는 방안 등을 합리적으로 검토할 것을 제시한다.

다음은 메타버스 서비스인 제페토를 설명하겠다. 네이버의 제페토는 네이버 제트(Z)가 운영하는 증강현실(AR) 아바타 서비스로, 국내 대표적인 메타버스 플랫폼이다. 2018년 출시된 제페토는 얼굴 인식과 증강현실(AR), 3D 기술 등을 이용해 3D 아바타를 만들어 다른 이용자들과 소통하거나 다양한 가상현실 경험을 할 수 있는 서비스를 제공한다. 네이버 제페토는 현재 2억 명 이상의 이용자를 보유하고 있다. 코로나19로 인해 비대면 시장이 급속하게 성장하면서 메타버스의 발전이 두각을 보이고 있다. 메타(Meta)와 현실 세계를 의미하는 유니버스(universe)가 합성되어 만들어진 메타버스(Metaverse) 기술에 MZ세대들이 열광하고 있는 것이다.

실제로 2018년 '레디 플레이 원', 2021년 '프리 가이' 등의 메타버스를 주제로 한 영화가 대중의 큰 관심을 받았다. 미국의 대통령 조 바이든도 대통령 선거에 메타버스를 활용하였고, 메타버스로 콘서트를 개최한 트래비스 스콧의 게임 콘서트는 1,230만 명에 달하는 이용자가 접속하였고 한화 약 220억의 수익을 기록했다. (문영기 · William C. Hunter · 구철모, 2021)

이러한 메타버스의 시장 규모는 2035년까지 315조 원으로 예측될 정도로 미래의 거대한 산업으로 성장하고 있다. 제페토는 최근 유명 브랜드나 연계 기획사와의 제휴도 활발히 진행하고 있다. SM, YG, JYP, 빅 히트 등이 제페토를 통해 K-pop 등 다양한 콘텐츠를 내놓으면서 인기를 끌고 있다. 그중 아바타로 구축된 또 다른 나의 정체성인 제페토 아바타의 패션은 제페토 세계에서 중요한 모드이다. 보여지는 것과 자신을 표현하는 것을 즐기는 이용자들의 정체성 구축에 핵심 요소로 작용한다. (신유리, 2021, 4)

제페토에서 자신을 이미지화한 것이 바로 아바타이다. 아바타는 온라인에서 개인을 대신하는 분신, 화신을 의미하는 말에서 유래됐다. 아바타의 유래는 가상사회에서 자신의 분신을 의미하는 시각적 이미지로 산스크리트어 '아바따라(avataara)에서 유래되었다. 온라인에서 자신을 대신하는 가상 이미지로 사용되고 있으며 자신의 아바타를 꾸미기 위해 많은 노력과 정성을 다한다. 이 같은 메타버스 제페토의 인기는 코로나19 사회적 거리두기 지침과 밀접한 관계를 가진다. 실제로 정부의 코로나19 사회적 거리두기 지침으로 인해 재택근무를 하면서 직장 동료들과 메타버스에서 회의를 하는 사례가 늘었다. (차지현, 2021, 12, 9)

네이버의 제페토 또한 폭발적인 인기를 끌고 있다. 이는 코로나19 사회적 거리두기 조치가 방역에는 효과가 있겠지만 사람들 사이의 심리적 거리 확대와 외로움, 우울증과 불안, 공황장애, 신체활동과 생산성 감소 등 다양한 부작용을 불러 일으켰기 때문이기도 하다. 이에 코로나19

로 발생하는 정신건강이나 신체활동, 대인관계, 결속 등의 소통과 관련한 대인관계 문제 해결에 있어서 메타버스 제페토가 하나의 수단으로 떠오르고 있는 것으로 볼 수 있다. (고광욱, 2020)

(5) 클라우드: 네이버 클라우드

클라우드라는 용어가 처음 등장한 것은 2006년이다. 구글의 연구원이었던 크리스토퍼 비시글리아(christophe bisciglia)가 당시 회사 최고경영자인 에릭 슈미트(eric emerson schmidt) 앞에서 정보통신기술(ICT) 자원을 필요한 만큼만 돈을 주고 빌려 쓸 수 있는 비즈니스 개념을 처음 제시했다. 클라우드 서비스의 가장 큰 장점은 데이터를 저장하기 위한 별도의 저장 장치 없이 데이터를 저장하고 장소에 구애받지 않고 접속하여 데이터를 활용할 수 있다는 점이다.

현재 코로나19 비대면 상황에서 클라우드 사업이 큰 주목을 받고 있다. 우리 정부도 2018년부터 공공 부문의 민간 클라우드 개방을 약속했다. 공공부문 다수의 정보시스템은 소규모 전산실에서 운영 중이므로 미흡한 설비, 보안 취약 등 운영상의 한계가 있다. 이에 클라우드 활용이 절실하다는 이유로 한국판 뉴딜(2020년 7월) 과제로 선정한 것이다. 정부는 각 부처와 지자체 공공기관 등 1만여 개 시스템을 2025년까지 클라우드로 전면 전환한다는 결과를 발표했다. 수요 기관은 민간 클라우드

(기업 운영)와 정부가 지정한 공공 클라우드 센터 가운데 원하는 곳을 선택하여 도입 · 전환하면 된다. (김민수, 2021, 11, 7)

단 국가 안보, 수사 재판, 내부 업무 등 행정기관의 중요 정보 및 민감 정보는 '공공'으로 분류하고 그 이외의 일반 정보는 '민간'으로 분류하게 된다. (기획재정부, 2021) 공공 클라우드 센터는 중앙부처 시스템으로 국가 정보자원관리원 대전 광주센터와 공공기관 시스템은 대구센터(2022년 개소)에 전환 통합될 예정이다. 지자체 시스템은 자체 클라우드 센터 구축을 하고 한국지역 정보개발원(KLID) 활용 또는 민관 협력을 통해 추진될 예정이다.

클라우드 서비스는 그 형태에 따라, IaaS(Infrastructure as a Service), PaaS(Platform as a service), SaaS(Software as a Service)로 분류할 수 있다. IaaS는 기업에서 필요한 각종 컴퓨팅 인프라(서버, 스토리지, 네트워크 등)를 제공하며, PaaS는 기본 인프라에 이용자가 원하는 소프트웨어를 개발할 수 있는 플랫폼을 쓸 수 있다, SaaS는 이용자가 원하는 소프트웨어 자체를 서비스 형태로 제공하는 것이다. 또한, 클라우드 서비스는 구축 유형에 따라서 공용(Public)과 사설(Private) 및 하이브리드(Hybrid) 서비스로 나뉜다.

공용 클라우드는 AWS, MS Azure 등 Cloud Service Provider가 소유하고 있는 하드웨어 및 소프트웨어 자원을 서비스화하여 제공하는 방식을 뜻하며, 사설 클라우드는 개별 기업이 구축한 자체 IDC 내에 클라우드 컴퓨팅 환경을 구축하는 것을 말한다. 하이브리드는 공용과 사설의 혼합 형태로, 기업의 일부 시스템은 내부에 사설 클라우드로 구축하고, 일부 시스템은 공용 클라우드 서비스를 이용하는 방식이다. 클라우드 서비스를 활용하면 서버 구축 등의 높은 예산을 절감하고 물질적인 고장 등의 문제가 없이 유지 보수가 가능하다.

IDC 서버 설치 운영과 같은 기존의 방식들은 서버나 네트워크 장비 수급과 유지 보수 어려움, 비용 과다 등의 문제가 발생한다. 또한 필요시에 인프라 확대와 축소가 유연하지 않으며 구매 절차가 복잡하고 소요 기간 또한 오래 걸린다. 이러한 오프라인 상의 문제를 해결할 수 있는 가장 유연하고 관리하기 쉬운 기술이 클라우드 서버 환경이다.

공공기관의 클라우드 전환 시도는 지난 10년간 다양하게 있었다. 하지만 클라우드에 저장되는 정보의 유출, 통제 등에 있어서 리스크가 많기 때문에 주저했다. 이제는 개인정보보호법이 개정되면서 가명화와 익명화 개념으로 정보를 보호하는 동시에 활용하는 다양한 방법들이 생겼고(이후섭, 2020, 9, 1), 코로나19 백신 신청 과정에서 과도한 트래픽을 정부가 관리하지 못해 민간의 도움을 받았던 것처럼 데이터의 집중화 현상을 대비한 공공 클라우드 개방의 필요성이 인정되는 분위기이다. 그러나 막대한 클라우드 서비스 체계를 갖추기 위한 예산과 개발 운영 능력, 정보 보안 문제 해결 등은 아직 초기 수준에 머무르고 있다.

반면 글로벌 기업들은 선제적으로 기존의 온-프레미스 (On-premise) 환경으로 감당할 수 없는 컴퓨팅 자원을 관리하기 위해 필요한 신기술 준비를 마치고 있다. 비대면 환경에서 이 같은 빅데이터를 기반으로 하는 기술들의 발전은 혁신적으로 변모할 것이다.

실제로 IT 시장조사 전문 기업 가트너에 따르면, 전 세계 클라우드 시장규모는 2017년 1,452억 달러에서 2022년 3,641억 달러 연평균 20%씩 성장하고 있다. 국내 클라우드 시장 규모 또한 2017년 1조 9,406억 원에서 2022년 3조 7,238억 원으로 연평균 14% 성장을 전망하고 있다. 그러나 현재 우리 공공기관의 정보시스템은 ICT 강국이라는 말이 무색할 만큼 클라우드 신기술에 대한 준비가 미비한 상태이다. 오랜 기간 클라우드 기업들이 다양한 환경에서 시행착오를 겪었다. 이렇게 쌓인 노하우를 공공에 접목할 수 있는 시기는 이미 도래했다. 실제로 클라우드는 서버 운영과 그린 테크놀로지, ESG 경영 관점에서 볼 때 다양한 사회적 비용을 줄일 수 있는 하나의 대안이 될 것이다. 그러나 전제가 필요하다. 우리는 이러한 클라우드의 특징과 서비스 운영에서 빠져선 안 될 주요 네 가지를 제시한다.

① 첫 번째, 운영을 얼마나 잘 할 수 있느냐이다. 클라우드는 트래픽 기반으로 비용을 지불하는 서비스로 발전하고 있다. 클라우드 운영을 하면서 불필요한 리소스나 매크로 등을 이용한 시스템 공격으로 트래픽이 높아졌을 때, 그 비용을 어떻게 추산하고 지불하느냐에 대한 다양한 리스크를 대비해야 한다. 이는 공공기관이 민간의 클라우드와 마이그레

이션(migration) 할 때 비용과 운영은 어떻게 할지 솔루션을 제대로 만들어야 하는 이유다.

② 두 번째, 클라우드를 운영 관리해야 하는 정부기관의 공무원이나 민간 관리자의 역량 문제이다. 이를 위해 고도화된 기술 역량이 있는지 파악해야 하며, 민간과 정부가 이를 운영할 인력은 확보하고 있는지도 검토해야 한다. 이는 정보 유출에 있어서 관리자의 역량에 따라 리스크의 대응 수준이 다르기 때문이다.

이어 ③ 세 번째, 클라우드 전환 시에 고려해야 할 사항이 멀티 클라우드 전략이다.[48] 구글과 AWS 등이 일부 사용하는 방식이다. 일반적인 단일 클라우드 환경에서는 장애가 발생하면 서비스 전체가 락다운(lock down)이 될 수 있다. 이는 최근 코로나 백신 패스(QR코드) 마비 사태처럼 공공기관과 민간의 모든 사회적 서비스가 락다운 되는 아찔한 상황의 리스크를 말한다. (이동인, 2021, 12, 14)

이러한 다양한 리스크를 대비하기 위해 2개 이상의 클라우드를 운영하는 멀티클라우드 레질리언스(resilience) 전략이 필요하다.

또한 ④ 네 번째는, 민간과 공공 클라우드 운영 시에 세 가지 전제

48) 멀티 클라우드라는 용어는 단일 기업 또는 조직에서 서로 다른 공급업체의 클라우드 서비스를 2개 이상 사용하는 데이터 인프라 전략을 말한다.

가 필요하다. 기밀성, 무결성, 가용성의 세 가지 측면을 보완해야 한다. 기밀성은 과거보다 호전되었으나, 데이터 유출 방지 및 접근통제 관점의 가이드라인을 만들어야 한다. 무결성도 마찬가지로 데이터 무단 수정이나 최신성 보장 관점을 고려하고, 가용성은 시스템의 상시 사용 보장 관점의 보안을 유지할 관리 체계를 강화해야 한다. 이 문제들이 클라우드 구축 시 주요하게 고려되어야 할 부분이다.

이처럼 정보 유출과 기술적인 문제가 선행적으로 해결된 상태에서 신중하게 공공데이터 개방을 해야 한다.

물론 우리는 사회적 비용을 혁신적으로 줄일 수 있는 클라우드 서비스를 국민들이 자유롭게 활용할 수 있을 날을 기대하고 있다. 하지만 국내 클라우드 시장 점유율 1위인 아마존(amazon)의 AWS(Aamazon web service)나 2위 경쟁을 하고 있는 MS(Micro soft)의 애저(Azure) 등 글로벌 사업자들에게 국내 클라우드 서비스는 한참 뒤처져 있는 게 사실이다. 외산 클라우드 서비스가 국내 시장 점유율 90%를 차지하고 있는 상황에서 후발주자인 국산 클라우드 플랫폼이 경쟁력을 갖추고, 데이터 주권을 지키기 위한 차원에서라도 공공데이터 개방이라는 정부의 역할은 필요한 시점이다. 그러나 아직 실망하기엔 이르다. 위기 속에 기회가 있듯이 ICT 선진국의 면모를 보여줄 절호의 기회는 있다. 그것은 소상공인들의 디지털 전환(Digital Transformation) 확산과 코로나 비대면 상황으로 인해 국내 클라우드 서비스 시장이 급격하게 성장할 것이기 때문이다. 국내 플랫폼 기업들은 클라우드 서비스의 최강자라고 평가받은 아마존의 성공 방식을 벤치마킹하면서, 민관합동으로 클라우드 정책을 확대해 나가야 한다. 그들의 성공 방식을 보면 기존 스타트업이나 중소 게임업체가 대량의 서버, 스토리지, 네트워크 장비를 구매한 후 사업을 영위하던 것을 아마존의 인프라 제공과 각 장비, 시스템을 사용한 만큼 비용을 지불하는 기술의 혁신을 이뤄냈다. 이 서비스를 인프라로서의 서비스(Infrastructure as a Service, laas)라고 부른다. (네이버 지식백과, 2021)

이는 결국 클라우드 인프라 구축에서 정부의 역할이 가장 중요하고, 플랫폼 기업과 민관합동의 정책을 강력하게 시행해야 할 시기라는 점을 말해주고 있다. 나아가 이러한 인프라를 기반으로 국내 클라우드의 성공을 위해선 과금체계의 다양성 확보와 제공하는 인터페이스 기능 개선, 데이터 이동성 차원에서의 유연성 확보, 연동체계 개선, 클라우드 서드파티 연계, 개발자 전용 서비스 제공 등에 초점을 맞춘 사업 전략이 필요하다. 이는 소상공인들의 홍보와 서비스 인프라 구축을 위한 비용 절감 차원에서라도 필요하며, 국내 클라우드 플랫폼들은 소상공인 디지털 트랜스포메이션 전용 서비스를 출시할 절호의 기회일 것이다. 이 시기에 정부가 공공데이터 개방에 있어 마이데이터, 클라우드 서비스를 적극적으로 활용한 소상공인 디지털 트랜스포메이션 정책을 종합적으로 검토할 것을 제시한다.

지금까지 국내 플랫폼 산업의 양대 산맥이라고 할 수 있는 빅테크 기업 카카오, 네이버에 대한 문제와 다양한 전략을 제시하였다. 현재 인류는 코로나19와 오미크론 바이러스로 지금까지 겪어 보지 못한 최악의 상황에 처해 있다. 이러한 심각한 상황 속에서 정부의 역할은 분명히 더 강조된다. 앞으로 정부의 역점 정책이 감염병 방역체계의 수립에서 끝나는 것이 아닌, 국민의 실생활에 가장 밀접한 플랫폼 서비스로 확장되어야 할 명분은 충분하다.

이에 정권별 ICT 전략과 포스트 코로나 시대의 차기 정부가 이끌어가야 할 디지털플랫폼 거버넌스 전략을 다음 〈4장〉부터 제시하였다. 이 한 권의 책으로 플랫폼의 광의적인 서비스를 모두 다루기는 쉽지 않다. 이에 추가적인 디지털플랫폼의 문제와 콘텐츠 서비스 등의 사안은 다음을 기약하기로 하고, 지금 당장 해결해야 할 디지털플랫폼의 거버넌스 전략을 제시할 것이다. 이를 통해 차기정부에서 플랫폼 산업에 대한 정책이 보다 구체적으로 논의될 것을 기대한다.

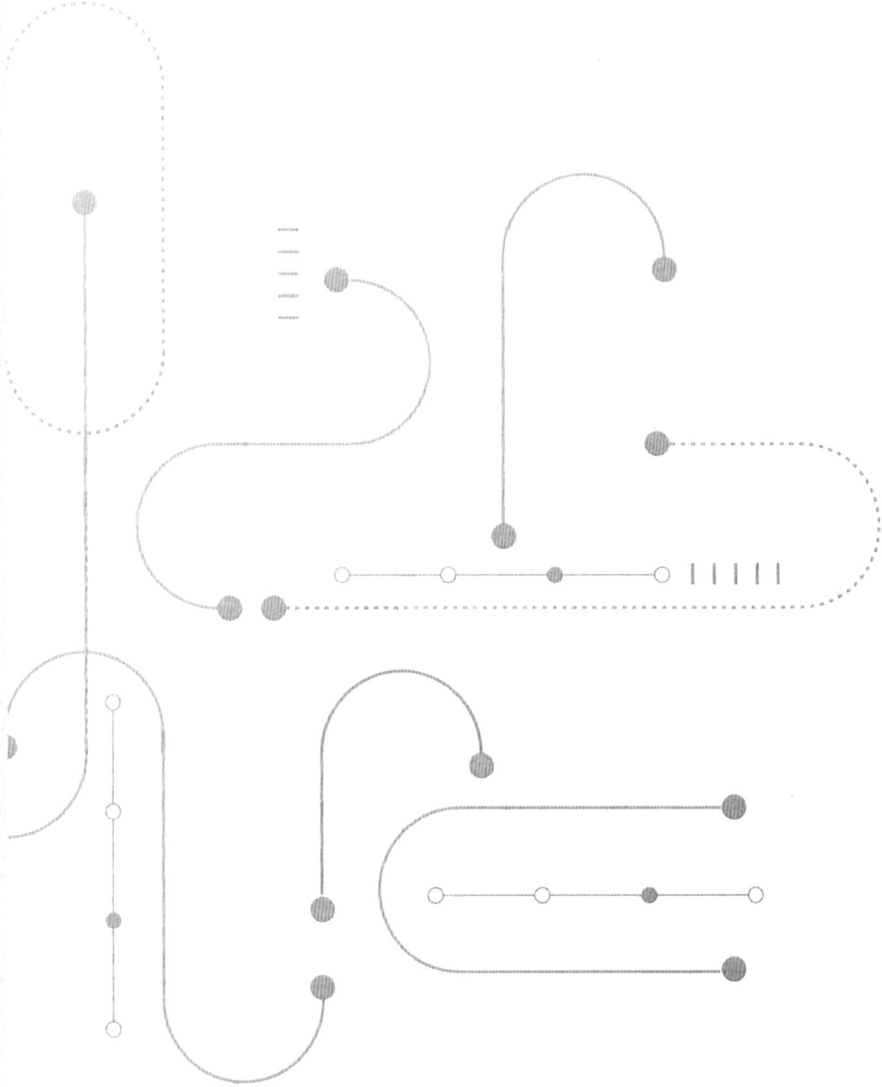

04

1. ICT산업에 대한 차기 정부 거버넌스 제언

ONLINE PLATFORM GENTRIFICATION
IN THE ERA OF BIG TECH

01
ICT산업에 대한 차기 정부 거버넌스 제언

1) 포스트 코로나 시대의 한국 산업구조 개편을 위한 거버넌스 재편의 필요성

2019년 11월 중국 우한 지역에서 파생된 코로나19 바이러스의 위세는 여전하다. 다국적 제약기업의 백신 개발과 각국의 코로나19 확산 방지 노력에도 불구하고, 확산세를 차단하는 데 애를 먹고 있다. 또한 국가별 코로나19 바이러스 방역에 대한 격차로 인해 글로벌 생산 · 유통에 차질이 생겼을 뿐 아니라 국가별 교역구조의 회복이 더딘 관계로 국가별 경기 회복 속도도 언제쯤 정상화될 수 있을지 예측이 어려운 상태

다. (한국은행, 2020)

이에 따라 우리나라의 경우, 기업에 대한 정부의 금융 지원 연장과 취약계층에 대한 가계대출 부담 완화를 위한 기준금리 인하, 각종 금융 지원 정책(한국은행, 2021), 소상공인들에 대한 매장 집합 금지 및 영업 시간제한 등의 조치로 인한 손실보상을 위한 제도적 지원 등이 실시되고 있다. (중소벤처기업부, 2021b) 이를 통해 코로나19 바이러스 이후 파생된 전 국가적 위기를 극복하고, 자국 경제의 연착륙을 추진하고 있다.

2022년 세계 경제 예측에 따르면, 2022년 세계 경제는 2021년의 성장률(5.9%)보다 1.3% 하락하겠지만, 포스트 코로나 시대 이후 선진국을 중심으로 한 경기회복의 흐름세는 지속될 것으로 전망되고 있다.

각 국이 처한 정치 · 경제 · 사회적 이슈를 고려하더라도 성장세는 유지되어 미국은 3.8%, 유럽은 4.6%, 영국은 5.3%, 일본은 3.3%의 성장률이 예상된다. 중국, 인도, 아세안 5개국 등의 신흥국들은 완만한 경기회복과 함께 코로나19 델타 변이 확산세를 어떻게 통제하느냐에 따라 성장률 재고의 리스크로 작용할 것으로 보인다. 이에 중국은 5.5%, 인도는 7.9%, 아세안 5개국은 5.2%, 러시아는 2.9% 및 브라질 1.5%의 성장률을 나타낼 것으로 예측되고 있다. (대외경제연구원, 2021)

OECD가 예측한 우리나라의 경제성장률은 2020~2021년 평균 성장률은 1.6%이며, '21년 3분기 OECD 중간 경제 전망(OECD Interim Economic Outlook)에서 한국경제 성장률을 5월보다 0.2% 상향된

4.0%로 예측했다. 또한 국제 통화기금(IMF)은 4.3%, 3대 신용평가사는 4.0%, 한국은행 4.0% 등으로 예측되었다. (정책브리핑, 2021, 9, 23)

한국의 경우, 2022년 3월 9일에는 제20대 대통령 선거가 실시된다. 이번 선거는 포스트 코로나 시대를 준비하게 될 대통령선거로서 선거 승패의 결과뿐 아니라, 새롭게 구성되는 정부 거버넌스 구성에 대한 관심이 매우 높다고 할 수 있다.

코로나19 시대에 드러난 우리나라 산업 구조 간 긍정 · 부정적 이슈들과 함께 사회 · 경제적 구조에 대한 면밀한 진단을 통해 정부 거버넌스를 어떻게 구성해 운영할 것인지를 정해야 한다. 이는 우리나라가 외형적인 선진국이 아닌 확고한 '선진국'으로 안착할 수 있는 기회를 창출할 수 있는 대안이 필요하다는 것을 의미한다.

즉, 차기 정부는 선진국 진입을 확고하게 다지기 위한 경제 성장의 동력을 만들어내야 하는 시대적 과업을 달성해야 할 상황에 놓였다. 그렇지 않으면 우리나라 경제구조는 성장 정체라는 굴레의 늪에 빠져 과거 일본과 같이 성장 동력을 잃고 경제 성장과 일자리 창출이 없는 저성장의 시대를 맞이할 수 있다.

이에 따라 포스트 코로나 시대는 정치, 사회, 경제, 문화적 리스크를 내포하고 있기 때문에 정부 거버넌스를 어떻게 재편하는가에 따라 지속 가능한 성장률을 담보할 수 있을 것으로 본다.

특히 코로나19 시대에 가장 주목받은 ICT 산업[49]에 대한 제도적 혁신과 공정경쟁을 위한 다각적인 제도적 장치들을 검토할 필요가 있다. 4차 산업혁명의 시대는 디지털 트랜스포메이션과 관련된 산업 구조의 급격한 발전이 지속될 것으로 모두가 예측하고 있다. 또 향후 지속 가능한 산업의 구조로서 확장성이 큰 분야인 클라우드(cloud), 사물인터넷(IoT), 인공지능(AI), 자율주행차(autonomous vehicle)를 비롯한 모빌리티(mobility), 마이데이터(Mydata) 기반의 데이터 산업 등 신산업 분야에 대한 성장 기반을 조기에 구축하고 이를 통한 국가 산업 발전 전략으로 활용할 필요가 있다. 또한 중소기업 및 소상공인 중심으로 새롭게 조명 받고 있는 혁신적 틈새시장의 발굴을 통한 신산업화도 선도적으로 이끌어 줄 필요가 있다.

반면에 이러한 산업 발전이 가져올 수 있는 시장 내 경쟁 제한 요인의 분석, 법·제도적 차원에서 공정 경쟁 환경의 조성, 기업 간 동반성장과 이용자 보호라는 세 마리 토끼를 잡을 수 있는 제도적 기반도 신속히 조성되어야 한다. 즉, 국가 발전 전략으로서의 산업적 기반 구축을 위한 규제 개혁 조치와 함께 산업 발전 과정에서 나타날 수 있는 경쟁의 저해, 특정 기업의 산업 독점화 경향을 선제적으로 규율할 수 있는 초기 가이

---

49) 현재 ICT 산업으로 논의되는 산업분야는 정보산업, 방송 통신, 콘텐츠, 정보화 등을 포괄한다. (정용남, 2021) 이 보고서에서는 주로 ICT 산업분야는 정보기술(IT)과 관련된 정보산업 및 콘텐츠 등에 대한 부분을 다루는 플랫폼 및 데이터 기반 산업에 관한 내용들을 주로 다룬다.

드라인 형태의 규제 틀도 필요할 것으로 본다. 또한 규제혁신으로 나타날 수 있는 병폐들을 보완할 장치들을 마련해 나가야 한다.

특히 향후 전략산업의 일환이 될 '데이터 기반' 산업에서 나타날 수 있는 데이터 독점에 대한 문제들을 선제적으로 검토할 수 있는 제도적 기틀이 마련되어야 한다. 왜냐하면 데이터의 독점은 산업 또는 기업 간 경쟁을 제한할 가능성이 매우 높은 원천 기술적 특성을 갖고 있고, 이것이 곧 산업의 승패를 가르는 자원(resources)이기 때문이다. 또한 산업에 대한 경쟁의 촉진에 대한 규율 조치가 산업 발전을 저해할 수 있다는 의견들이 있다. 하지만, ICT 산업의 특성상 특정 기업 또는 사업의 독점화가 진행될 가능성이 높다. 그리고 한번 독점적 시장을 확보한 기업들은 서비스 고착화 현상(lock-in)이 더욱 가속화되고, 강화될 수밖에 없는 구조이기 때문에 데이터 독점에 따른 새로운 산업의 촉진을 저해할 수 있다. 따라서 다양한 규모의 기업들이 신산업을 촉발시킬 수 있는 제도적 장치들을 보완해 나갈 필요가 있다.

데이터 독점화 가능성에 따른 시장의 통제가 어렵게 될 가능성이 높다는 것은 구글(Google), 애플(Apple), 넷플릭스(Neflix), 페이스북(Facebook, 현 메타플랫폼(Meta platform)), 카카오(Kakao), 네이버(Naver) 등에 의해서 이미 증명되고 있다. 따라서 최소한 독점적 시장 형성을 제어하고, 강력한 시장 경쟁 환경의 지속적인 양성화가 필요하다. 그리고 개인 또는 기업이 생성하고, 만들어 낸 데이터를 자유롭게 활용하기 위해 플랫폼 내에서 자사가 제작 · 보유한 다양한 콘텐츠의 데이터에 대한 직 · 간접적 다운로드와 플랫폼의 이동을 용이하게 하는 '데이터 이동성(data portability) 보장'과 같은 제도적 장치 마련해야 한다. 이를 통해 데이터 독점으로 발생할 수 있는 산업 발전의 불균형을 해소하여, '기울어지지 않은 운동장', '공정한 경쟁 환경'의 틀로 나올 수 있도록 견인해야 한다. 또한 인수합병을 통해 거대해지는 데이터 독점에 대한 영향을 지속해서 분석하고, 그에 따른 빅테크 기업들의 인수합병 과정에서 나타나는 데이터 독점에 대한 전 사회적 영향에 대한 재검토가 이뤄질 필요가 있다.

그러기 위해서는 차기 제20대 대통령 선거 이후, 정부 거버넌스에 대한 기존 ICT 산업 전반의 거버넌스와 공정경쟁 환경 조성과 데이터 독점, 이용자 보호 권리를 보장할 수 있는 정부 거버넌스의 재구조화 및 발빠른 체제 전환이 중요할 것으로 보인다.

2) 한국의 산업구조와 ICT 산업 거버넌스

한국전쟁 이후, 반세기 만에 세계 10대 강국을 넘어, 코로나19 시대 전 세계로부터 선진국 반열에 올랐다는 칭찬을 듣는 우리나라는 ICT 분야의 성장과 발전이 국가 경쟁력을 높였다는 사실을 부인할 수 없다. 1970년대 후반 정부는 공공부문의 주도로 통신, 반도체, 전산화 기본

계획 등을 수립하였다. 이러한 역할은 정부출연 연구소들이 담당했다.

이 결과 1988년에는 4MD(신문 32면 분량의 알파벳을 기억할 수 있는 칩) 반도체 개발, 1991년 TDX-1(최초의 국산 전화 교환기) 개발, 1996년 CMDA(코드분할다중접속) 기술 세계 최초 상용화하는 등의 실적을 달성했다. 현재는 인터넷 평균 속도 세계 1위, 광케이블 보급 1위, UN 전자정부 평가 2위, 온라인 참여자 수 1위, ICT 보급 1위, ICT 인프라 보급 및 접근성 뿐 아니라, 2019년 4월에는 세계 최초로 5G 통신서비스를 상용화시켰다. 이처럼 한국에서의 ICT 산업의 발전은 외환위기 극복과 세계 10대 경제 강국 도약의 기여가 매우 컸다. (정용남, 2021)

한국의 ICT 산업구조는 국제 통화기금(IMF) 사태 이전인 1995년 벤처 기업 협회가 출범하면서부터 공고해지기 시작했다. 이후 코스닥의 설립(1996년), 벤처기업 육성에 관한 특별법(벤처 특별법) 제정(1997년), 기술거래소(2000년) 설립 등을 통해 한국의 1차 벤처기업 붐의 시대를 열었다. IMF 사태 이후에 이러한 제도적 기반은 김대중 정부가 야심 차게 내세웠던 네트워크 중심 국가전략산업이었던 '초고속 정보통신망'을 발 빠르게 구축함과 동시에 활용함으로써, 세계적인 IT기업의 붐과 함께 한국에서도 벤처 붐이 크게 일어나는 계기를 마련했다. 이러한 벤처 붐으로 탄생한 기업은 다음커뮤니케이션, 네이버, 안랩, 넥슨, 한게임, 인터파크 등으로 우리에게 잘 알려져 있다. (이민화 · 최선, 2015; 창조경제 연구회, 2014) 이러한 벤처 붐은 우리가 국제통화기금의 구제

금융을 조기에 졸업할 수 있는 원동력이었다. 그리고 2000년 이후 ICT 부문은 한국의 GDP 비중에서 10%를 담당했다. (정용남, 2021) 그러나 2001년 전 세계적인 IT 버블 붕괴로 주식 시장마저 붕괴되면서, 한국의 1차 벤처 붐의 시대는 막을 내렸다. 그 후 약 10여 년간 한국의 벤처 산업계는 빙하기를 걷게 되었다. (이민화 · 최선, 2015)

벤처 붐의 붕괴는 2000년대 이후의 국내 산업구조에도 영향을 끼쳤다. 국내의 제조업뿐 아니라, 소상공인 등 자영업자가 폭발적으로 증가했다. 하지만 급작스럽게 자영업에 뛰어든 만큼 이들이 다수 진출한 서비스산업 등에서는 산업구조의 변화 속도가 하락세를 나타냈다. 특히 제조업보다 서비스산업의 산업구조 변화 속도가 산업 전반의 역동성을 결여시킴으로써 빠르게 산업 경쟁력도 하락시켰다. 이는 해당 산업의 전반적인 저조를 불러올 수밖에 없었고, 상대적으로 해당 산업의 경쟁력이 저하되는 계기가 되었다. (이태규, 2021)

정부는 2005년 벤처 재도약 정책을 추진해 투자나 보증기관 주도형 벤처 성장을 촉진하고자 했으나 별다른 성과를 내지 못했다. 하지만, 2007년 1월 9일 미국의 '애플'이 스마트폰을 전 세계에 출시하면서 제2의 벤처 붐을 맞게 된다. 여기에 정부 주도로 녹색, 융합 등의 성장 동력 산업의 육성과 창업 활성화 지원 정책들이 등장하게 되었다. 또한 우리나라는 글로벌 금융 위기에서도 다양한 산업군의 제품들(자동차, 반도체, 모바일 폰, 디스플레이, 조선업)이 수출 경쟁력이 강화되면서 벤처기업 성장에 막대한 영향을 끼쳤다. 특히 스마트폰의 급격한 확산과 모바일 앱 스토어의 등장은 우리나라의 제2의 벤처 붐을 일으키는 데 영향을 끼쳤다. (한정화, 2013)

그리고 코로나19 시대와 맞물려 빅테크 기업들의 상황은 산업 경쟁력뿐 아니라, 다양한 산업과의 융합으로 인한 시너지 효과를 내고 있거나 낼 수 있는 다양한 기술의 개발, 기업들에 대한 인수합병 및 투자 등을 진행하고 있다. 또한 이들 빅테크 기업들은 사업 다각화를 통해 각 산업 간 유기적 네트워크를 형성하고 독점적 시장 지위를 확보할 수 있는 데이터 자본을 더욱더 축적해나가고 있다. 그리고 중소기업 및 소상공인 등도 이러한 빅테크 기업들의 다양한 서비스를 활용하여 사업화 기반을 마련해나가고 있으며, 특정 플랫폼을 통한 새로운 서비스들이 주목받기도 한다. 하지만 빅테크 기업들의 수익 모델의 대부분이 개인 정보 데이터 및 검색광고 등을 연계한 수익 모델과 무료 플랫폼 제공에 따른 수수료 부과에 기반하고 있고, 더 나아가 구독 경제를 토대로 한 고정 수익의 확보 등을 향후 사업화 전략으로 적극적으로 추진하고 있다. 그간의 한국 ICT 산업구조는 국내 GDP에 기여하는 바가 적지 않았다. 1997년 8.6%이었던 ICT 산업은 2000년 이후 국내 GDP의 10%를 담당했고 2002년에는 14.6%에 달했다. (이정호, 2009, 8, 18) 게다가 2008년 금융위기 당시에도 ICT 산업은 4%의 성장률을 보이며 국가 경제구조를 뒷받침해냈다. 또한 2018년에는 10.3%, 2019년 10.8%이었다. 2018년

ICT 산업의 수출 비중은 36.4%에 달했으며, 2019년에는 전체 산업 수출액(5,423억 불)의 32.6%를 차지하며 국내 ICT 산업 수출과 무역 수지 흑자를 달성하는데 밑거름이 되었다. (정용남, 2021)

이처럼 한국의 산업구조는 국제금융기금(IMF)의 구제금융을 전후로 하여 급격한 산업구조의 변화를 겪게 되면서, ICT 산업의 정책적 지원을 통해 산업 다각화를 시도해왔다. 시련의 시기들도 있었지만, 스마트폰의 등장 이후 전 세계 ICT 산업은 제2의 벤처 붐을 지속해서 이어나가고 있다. 특히 초연결, 초저지연의 기술적 특성을 갖고 있는 5G 통신 서비스를 기반으로, 이용자 또는 기업들의 데이터를 활용한 마이데이터 시장에 이르기까지 4차 산업혁명의 시대가 도래했다. 하지만, 코로나19라는 전 세계적 위기가 불어닥치면서 포스트 코로나 시대를 대비할 수 있는 도약의 발판을 마련할 필요가 상존하고 있다. 이에 정부에서는 4차산업혁명위원회를 만들어 다양한 산업 간 융합과 규제의 혁신을 통한 신산업 육성을 추진하고 있다. 다만, 이러한 산업구조 개혁의 근간에 발생할 수 있는 규제 혁신과 산업 육성의 길에서 자칫 공정경쟁을 통한 산업 육성의 근간이 흔들릴 수 있음으로 이와 관련된 산업구조의 변화에 민감하게 반응할 수 있는 정부 거버넌스로의 재구조화가 필요하다.

3) 한국의 ICT 산업 거버넌스의 변화과정

한국의 ICT 산업 분야는 ICT 산업, 정보화, 콘텐츠, 방송 통신 분야와 관련한 부처별 분산형과 1개 부처에 집중화된 구조로서 정부 조직 개편이 이뤄진 특징을 갖는다. 특히 단임제 대통령제의 특성상 새롭게 정부가 들어서게 되면 부처 조직 개편이 있었다. 따라서 정부 조직 개편은 국회 본회의 의결 과정에서의 문제와 공무원 엘리트주의에 입각한 제도 선택에 영향을 받는다. (정용남, 2021)

한국의 ICT 산업 분야의 정부 조직 개편은 1980년대 상공부와 체신부 간 정보통신기술(ICT) 산업의 갈등의 시작점이었다. 김영삼 정부 때인 1994년에는 구 체신부가 정보통신부로 변경되었고, ICT 산업은 일원화되었다. 정보통신부는 이명박 정부 때인, 2008년 해체되기 전까지 한국 ICT 산업의 단일 주무부처로서 막강한 권력을 가졌다. 그 이후 산업자원부(지식경제부)로 업무가 이관되었다. 그 대신 2008년 방송 통신 융합 시대를 맞아 방송통신위원회로 통합되었지만, ICT 분야의 컨트롤 타워 부재에 대한 지속적인 문제가 되었고, 2013년 출범한 박근혜 정부는 방송통신위원회를 규제 담당 기관으로 역할을 축소하였고, 기존 과학기술부와 구 정보통신부의 기능을 결합한 미래창조과학부를 별도로 출범시켰다. 2017년 문재인 정부는 미래창조과학부를 과학기술정보통신부로 명칭을 바꿨다. 그러나 방송통신위원회와 과학기술정보통신부는 정책

과 규제 이원화로 인해 논란이 지속되고 있는 상황이다. (정용남, 2021)

현재 문재인 정부에서 ICT 산업의 주무부처는 과학기술정보통신부다. ICT 산업은 과학기술정보통신부와 산업통상자원부가 담당하고 있다. 그중 산업 통상자원부는 스마트 TV와 임베디드 소프트웨어를 담당한다. 정보화 및 전자정부 분야는 과학기술정보통신부(인터넷 정책), 행정안전부(전자정부), 개인정보보호위원회('20.8월 개편, 방송통신위원회 조직 일부 이관), 콘텐츠 분야는 문화체육관광부(음악, 웹툰, 게임, 콘텐츠 등), 과학기술정보통신부(인증, 기술 개발 등)가 담당한다. 방송 및 통신 규제는 방송통신위원회(지상파 방송, 통신 서비스 등의 이용자 보호), 과학기술정보통신부(유료방송, 네트워크, 통신 주파수 등)가 담당부처 등으로 알려져 있다. (정용남, 2021)

즉, 문재인 정부도 여러 부처(多)가 분산형 구조의 성격을 갖는 규제와 산업진흥의 거버넌스를 통해 각기 다른 산업 간 규율 또는 유사한 산업 간 규율이 관련부처에서 규율을 위한 제도들을 만들어내고 있다는 점에서 각 산업 진영 간 규제 혁신 및 과도한 규제의 연속이라는 비판이 이어지고 있기도 하다.

4) ICT 산업 정책 컨트롤 타워의 부재

최근 한국에서 벌어지고 있는 다양한 ICT 산업 간 갈등의 구조는 ICT 산업의 발 빠른 산업 재편이 코로나19 이후에 체감적으로 나타나면서 확대되고 있다. 특히 기존 빅테크 기업, 신규 플랫폼의 급성장, 중소기업과 소상공인 영역까지 기술혁신을 통해 침투하는 문어발식 사업 확장에 따른 기존 사업자들과의 마찰이 핵심적인 사안이다. 또한 특정 사업자들이 다양한 사업영역에 대한 혁신적 서비스를 만들어 나아가는 과정에서 이용자들이 느끼는 과도한 정보의 집중과 특정 기업 중심으로 재편되는 분야별 시장 잠식에 대한 우려다.

이뿐만이 아니다. 정부 부처에서는 각 기관이 가진 고유한 업무 영역에 이러한 플랫폼 산업과 관련된 법률안을 제정하려 하거나, 규제 혁신이 아닌 규제 중심의 대안들을 속속 내고 있다. 즉, 차기 정부에서도 다(多)부처 분산형 규제의 틀이 작동될 공산이 커지고 있다.

온라인 플랫폼 법과 관련해서는 공정거래위원회가 만든 정부안(온라인 플랫폼 공정화법)과 방송통신위원회가 의원 입법 형태로 만든 '전혜숙 의원 안(온라인 플랫폼 이용자 보호법)'이 마찰을 일으켰다. 하지만, 2021년 11월 청와대와 정부 · 여당(당 · 정 · 청)은 온라인 플랫폼 규제 입법에 대하여 방송통신위원회와 공정거래위원회가 관할하는 이원화 체계를 구축하기로 합의하였다.

즉, 방송통신위원회와 공정거래위원회 안을 각각 법률 제정하기로 하되, 두 법률간 규제 중복을 피하고, 이용자 관련 규정은 이용자 보호법으로 규정을 일원화하기로 했다. 또한, 입법 대상인 온라인 플랫폼 기업은 매출, 이용자 수, 서비스 특성을 고려해 그 대상을 명확히 정하기로 했다. 이를 통해 스타트업 등에 대한 과도한 규제를 방지하고, 규제 대상의 최소화 및 입법 목적을 달성하겠다는 전략이다. 다만, 올해 3월에 대통령 선거를 앞두고 있다는 점, 법률 제정 과정에서의 정부 부처 간 갈등은 남아 있다. 이에 관련 업체들은 정부 거버넌스에 대한 무리한 추진보다는 차기 정부에서 관련 법률안 제정 등의 거버넌스 조정 등을 제언하고 있다. (박종진, 2021. 11. 19)

OTT 플랫폼과 관련된 규제에 대한 논의에 대한 마찰도 여전하다. 2021년 정부 부처별 OTT 관련 주요 지원 정책으로 과학기술정보통신부는 미디어 콘텐츠 기술 개발 · 방송 및 OTT 콘텐츠 제작 지원, 1인 미디어 산업 육성, 디지털 미디어 콘텐츠 특화펀드 조성 등 4개 사업에 511억 원, 문화체육관광부는 모태펀드(방송 · OTT 영상 콘텐츠 자금) 사업에 180억 원을 확보하였다. 방송통신위원회는 OTT 해외시장 분석, OTT 홍보 플랫폼 구축 사업을 내년도 예산 확보를 위해 노력하고 있다. 이처럼 각 정부 부처는 OTT 지원 정책을 토대로 예산 확보에 열을 올리고 있다.

또한, OTT 플랫폼과 관련한 산업진흥 및 규제를 위한 정책 방안

역시 3개 부처가 상이하게 진행되고 있다. 과학기술정보통신부는 OTT 사업자와 전문가 등이 참여하는 '인터넷 동영상 법제도 연구반'을 운영하면서 전기통신사업법 개정을 추진해 OTT 사업자에 대한 OTT 특수 부가 통신 사업자 지위를 부여하는 안을 마련 중이다. 방송통신위원회는 OTT 사업자 중심의 OTT 활성화 협의체를 구성 운영 중이며, 시청각미디어 서비스 법을 제정을 준비 중이다. 또한 방송 · IPTV · OTT를 동일 서비스 · 동일규제 원칙에 따라 수평 규제한다는 입장을 세우고 있다. 이는 관련 업계로부터 과도한 규제라는 비판이 나오고 있다. 문화체육관광부는 OTT 사업자와 콘텐츠 제작사 등이 참여하는 OTT 콘텐츠 글로벌 상생협의회를 구성하고, 영상진흥기본법을 개정하는 안을 내놓았다. 이에 따라 OTT 사업자에 대한 법적 지위를 신설하고 규제한다는 안이다. (박종진, 2021. 1. 19)

이처럼 디지털 미디어 생태계에 대한 부처별 입법 준비 및 예산 확보를 위한 경쟁으로 인한 다양한 규제가 늘어날 것으로 예상된다.

이러한 국내 OTT 산업에 대한 정부 부처별 규제 관련 논의가 진척되지 못하고 있는 상황 속에서 넷플릭스는 국내 오리지널 콘텐츠(오징어 게임, 지옥 등)를 통한 세계 시장 석권 전략이 먹혀들어 가고 있으며, 디즈니 플러스 및 애플 TV 등도 2021년 11월 한국 시장에 공식 런칭하고, 국내의 IPTV 사업자와의 제휴 및 국내 오리지널 콘텐츠를 중심으로 시장 확대를 꾀하고 있다. 이와 반대로 국내 OTT 사업자인 티빙과 웨이브

는 글로벌 시장 진출을 염두에 둔 사업전략을 짜고 있다고 알려져 있다. (김윤수, 2021, 10, 25)

핀테크 산업 부문의 규제는 동일 기능, 동일규제라는 차원에서의 규제가 논란이 되고 있다.

이는 핀테크 기업들 역시 기존 금융 시장에서 제도화된 금융 시스템에 대한 기술적 보장을 수용해야 한다는 이슈로서 핀테크 기업이 느끼는 규제의 강도가 가장 높은 축에 속한다고 할 수 있다. 이 때문에 핀테크 사업자들이 전자금융거래법에 대한 규제를 개선해달라는 요구가 크다. 우선 금융 시스템 관련 망 분리제도와 오픈소스 활용 부담에 대한 이슈가 그렇다. 망 분리 규제는 2013년 시중 은행들이 디도스 공격 이후에 생겨난 후속 조치로서, 전자 금융 감독법 제15조에 의해, 개발, 운영, 보안 목적상 접속이 필요한 단말기는 외부 통신망과 분리해야 한다는 규제다. 즉, 내부 업무망과 외부 인터넷망을 분리하라는 규정이다. 핀테크 기업들은 현재의 개발 환경에서는 인터넷에 공개된 오픈소스를 통해 인터넷망을 통해 최신의 소프트웨어를 업데이트가 가능하고, 그것을 활용해 서비스에 접목하는 방식을 취하는데, 망 분리 규정에 따라 외부망과 접속되지 않은 환경에서 해당 소스를 다운로드하고, 내부 승인 절차를 거쳐 내부 업무망을 통한 전산 작업을 처리하는 과정을 매번 반복하고 있다. 따라서 핀테크 기업들은 오픈소스를 제대로 활용하지 못하고 있으니 개발 환경에서만이라도 망 분리 규정을 완화할 필요가 있다는 점을 내세우고 있다. 이러한 규정을 위반하여 제재를 받은 곳은 네이버 파이낸셜, 카카오페이, 비바리퍼블리카(토스) 등이다. 이에 업계에서는 데이터 중요도를 판단해 규제 적용의 범주를 완화할 필요가 있다는 점을 강조하고 있다. 하지만, 금융당국은 데이터 중요도로 망 분리 규제를 완화는 현실적이지 못하다는 입장이다. (서상혁 · 민선희, 2021, 11, 17)

두 번째는 금융위원회는 핀테크 플랫폼 내에서 금융상품 등의 중개 · 판매 행위가 단순한 상품 추천이 아닌 금융상품에 대한 중개 행위가 적극적 상품 가입 과정에 대한 개입이라며 규제에 나섰다. 특히 카카오나 토스 같은 경우, 금융시장을 마치 전자상거래 시장 내 쇼핑몰 업체 운영처럼 접근하고 있다는 따가운 비판도 존재한다. 그 이유는 이들 기업이 펀드, 보험 상품 확인, 청약, 송금 관리 서비스를 제공하면서 플랫폼 자체 판매를 적극적으로 늘리려는 방식을 채택하고 있으며, 잠재 고객 발굴 및 가입을 지속적으로 유도할 뿐 아니라, 보험의 경우는 서비스 분석 및 가입지원(보험설계)까지 이뤄지고 있다는 점에서 금융위원회는 그와 같은 판단을 내리고 있다. 이에 따라 핀테크 기업에서는 금융위원회가 금융소비자보호법에 대한 규제 개선을 요구하고 있다. 하지만 국가가 허가권을 부여하는 금융 산업의 경우, 공공성과 책임에 대한 이슈가 엄연히 존재하기 때문에 현재로서는 타당한 규제 권한의 행사를 하고 있다고 볼 수 있다. (이준희, 2021, 9, 14) 하지만, 혁신을 통한 금융 산업 발전을 위한 로드맵을 그리고 있다면, 합리적인 규제체계를 재검토해 볼 필요가 있다고 볼 수 있다. 기업들 입장에서는 금융 산업의 특수성도 인정하는 노력이 필요하다고 할 수 있다. 혁신이 기존의 규제 및 법률 체계를 단번에 무너뜨리거나, 법의 구조를 바꿀 수 있는 것은 아니기 때문에 과정과 절차적 당위성을 고려해나가면서 혁신을 주도해나갈 수 있는 합리적 혁신의 중요성도 고려해볼 필요가 있다.

마이데이터 산업은 흩어져 있던 개인 데이터에 대한 권리를 개인에게 돌려주고 그에 따라 개인의 정보 선택권을 보장함과 동시에 다양한 개인화 서비스를 받을 수 있는 신산업으로 각광받고 있다. 은행, 금융, 보험뿐 아니라, 다양한 개인의 정보들을 한데 모아 개인 맞춤형 서비스를 제공하는 데 있어서 명확한 타겟팅이 가능한 서비스로 볼 수 있다. 그래서 마이데이터 산업에서는 금융 산업 분야가 가장 주목을 받고 있다. 이에 금융 당국은 산업 규제적 범위 내에서 '마이데이터 사업 허가'를 위한 조건 중 하나로 대 주주 요건을 제시하고 있다.

이는 마이데이터 사업 허가를 신청한 기업의 대주주가 최근 5년 내 금융 관계 법률 등의 위반으로 벌금형 이상의 처벌을 받을 경우, 허가 심사가 자동으로 중단되도록 한 것이다. 이에 따라 일부 사업자 중 마이데이터 사업 허가 신청이 반려되는 사례들도 등장했다. (김민석, 2021, 11, 15)

이렇듯 마이데이터 사업 허가에 대한 자본금 및 보안 요건이 까다롭다는 점을 핀테크 업계에서는 주장해왔다. 앞에서도 언급했듯이, 금융 소비자보호법에 근거한 제도 규정에 따라 마이데이터 서비스 자체도 금융, 보험 등의 상품 비교 및 추천 서비스이기 때문에 중개 행위로 본다면, 금융위원회의 규제를 받을 수밖에 없음으로 향후 사업 준비 과정에서 해당 영역에 대한 서비스 개선 등이 이뤄질 수밖에 없는 구조이다. (김미리내, 2021. 9. 17) 따라서, 핀테크 기업과 마이데이터 사업 허가를 받은 일부 기업들은 이러한 규제에 발이 묶일 가능성이 제기되기도 한다.

또한 GAFA(Google, Amazon, Facebook, Apple), 넷플릭스(Netflix), 디즈니+(disney plus) 등의 글로벌 온라인 플랫폼사업자들의 국내 시장 진출에 따른 국내외 사업자간 규제의 비대칭성에 대한 논란도 이어져오고 있다.

특히 구글의 인앱 결제 강제에 따른 국내법 개정안 이슈가 컸다. 구글은 이용자의 인앱 결제 시 15~30%의 수수료를 받아왔는데, 2021년 9월 개정된 전기통신사업법 시행령에 따라서 구글 및 애플 등 앱 마켓 사업자들은 자사의 인앱 결제 방식뿐 아니라, 제3의 결제방식을 채택하여 앱 개발사 또는 이용자가 결제 시 활용할 수 있도록 조치했다. 이를 어길 시 매출의 2% 과징금이 부과되도록 법령이 개정되었다. (김윤수, 2021. 11. 14)

넷플릭스(netflix)와 페이스북(facebook) 등은 한국 통신사업자들과의 망 이용료 분쟁을 지난 몇 년간 이어오고 있다. 망 이용료는 국내·외 콘텐츠 제공 사업자들이 국내 통신 사업자들의 네트워크를 통해 콘텐츠 및 서비스를 전송하게 될 때 트래픽 이용에 따라 비용을 부담하는 사용료를 말한다. 국내의 경우, 2014년 미래창조과학부가 발신자 부담 원칙에 따라 콘텐츠 제공 사업자들이 트래픽 이용량에 따라 망 이용료를 부과하도록 인터넷 상호 접속제도를 변경한 사례가 있다. 이에 따라 국내의 콘텐츠 제공 사업자들은 글로벌 콘텐츠 제공 사업자들과의 역차별이 발생했다며 크게 반발하였다. 2019년에는 이 정책의 미비점을 보완하고자, 과학기술정보통신부가 통신 사업자들 간 상호 무 정산 구간을 2014년 이전의 상호 무 정산 정책과 거의 동등한 수준으로 정책을 환원시켰지만, 여전히 상호 무 정산 원칙에 따른 콘텐츠 제공 사업자의 망 이용료 부담은 존재하게 되었다. 넷플릭스와 페이스북은 한국 내 서비스를 개시하면서부터 지속해서 한국의 통신 사업자들과의 망 이용료 마찰을 이어왔고, 심지어는 정부 부처인 방송통신위원회와 법적 다툼을 이어오고 있다. 이에 국회는 글로벌 콘텐츠 제공 사업자들에 대한 망 이용료 부과 법안을 준비 중이다. 이와 달리, OTT 사업자인 디즈니+(Disney+)는 한국 시장에 진출하면서 콘텐츠 전송네트워크 사업자(CDN)와 통신 사업자에게 망 이용료를 정산하는 등 넷플릭스와 페이스북과는 상반된 전략으로 한국 시장에 큰 마찰음 없이 진출하였다. 문제는 이 같은 문제가 발생할 때마다 ICT 산업 주무 부처인 과학기술정보통신부 또는 방송통신위원회 등의 대처에도 한계가 있다는 것이 현재 상황임을 볼 때, 차기 정부 거버넌스에 대한 신중한 고민이 필요한 지점이라고 할 수 있다.

끝으로 빅테크 플랫폼 사업자들의 무분별한 시장 진출에 대한 경제적, 사회적 이슈에 대한 통렬한 성찰이 필요하다고 본다. 2021년 국정감사에서 가장 이슈가 된 기업은 카카오다. 무분별한 골목 시장에 대한 시장 진출로 연일 뭇매를 맞았다. 소상공인시장진흥공단 보고서에 따르면, 상권정보 시스템에 등록된 13.6만 상가 업소 중 66.5%만이 영업 중이며, 33.5%(4.6만 개소)는 폐업 또는 이전한 정보가 확인되었다. (김영기 외, 2020) 즉, 소상공인 중 약 67%만이 정상적인 영업활동을 해왔으나 현재 코로나19 시대에는 더 줄어들었을 것으로 예측된다. 이런 상황에서도 가장 높은 성과를 올린 기업들이 바로 빅테크 플랫폼 사업자들이다.

이들은 대리운전, 택시, 항공권, 세차, 발레 파킹, 샐러드, 간식, 꽃 배달 등까지 진출하며 연일 신규 서비스 런칭에 취해 있었다. 계열사 간 무분별한 주식 시장 상장을 위한 노력의 결과로 보일 수밖에 없었다. 단기적으로는 기업에는 득이 될 수 있는 호재였겠지만, 시장을 구성하는 구성원들 간의 불만을 잠재우진 못했다. 혁신을 이유로 빅테크 기업을 운영하지만, 이는 혁신이 아닌 기존 시장에 기술을 덧붙이고, 수수료를 붙인 결과물에 불과했기 때문이다. 그렇기 때문에 수많은 소상공인의 반발을 불러일으킬 수밖에 없었고, 국민적 분노가 극에 달했던 것이다. '혼자 다 해 먹는다.'는 이미지를 해당 기업에 각인시켰다. 결국, 2021년 국회 국정감사에 해당 기업의 대표는 증인으로 3번씩이나 출석했다. 그리고 상생 방안을 마련하겠다고 했다. 향후 이러한 상생 방안의 전략도 국회와 정부는 면밀히 검토해야 한다. 왜냐하면, 이러한 빅테크 기업의 시장 잠식은 단순한 기업의 시장 점유율의 문제와는 달리, 종합적이고, 장기적인 관점에서 점점 더 시장에 미칠 영향을 분석해야 하기 때문이다. 분명한 것은 이러한 빅테크 플랫폼 사업자들에 대한 정책적 지원도 반드시 필요하다는 점이고, 글로벌 기업으로 성장할 마중물로서 국내 이용자들의 편익도 고려되어야 하는 것은 자명하다. 따라서, 카카오가 내세우고 있는 상생 전략에서 혁신의 기술을 통한 이용자의 편익도 좋지만, 관련 시장에 대한 영향을 동반 성장시킬 수 있는 토대를 만들어줄 수 있는가를 우선적으로 고려해볼 필요가 있다.

5) ICT 산업 분야의 차기 정부 거버넌스에 대한 제언

(1) 공정경쟁의 원리와 이용자 선택권 보장

1997년 이후 한국의 ICT 산업은 한국 사회를 혁신할 새로운 신산업 발굴을 목표로 새 정부 출범 때마다 쟁점이 되어 왔다. 그간의 연구들에서 제언한 ICT 산업에 대한 정부 거버넌스에 대한 대안들을 검토해 보고, 4차 산업혁명 시대를 견인할 차기 정부에 대한 거버넌스를 제안해 보고자 한다.

김대중 정부의 정책 목표는 IT 산업의 육성이었다. 노무현 정부 때부터 각 산업 분야별 성장 동력을 제시하는 정책 기조를 보였다. 노무현 정부는 차세대 성장 동력산업 10대 종목을 정하고, 이명박 정부는 녹색기술 산업, 첨단융합산업, 고부가 서비스산업 등 17개 신성장 동력산업을 성장 동력으로 보았다. 박근혜 정부 역시 4개 주력산업, 5개 미래산업, 10개 공공복지 및 에너지산업 분야를 선정해 19개 미래성장 동력 산업으로 보고 이를 추진했다. 문재인 정부는 10개 혁신성장 산업을 적극 추진했다. 이는 아래 〈표 30〉 과 같다

〈표 30〉. 각 시기별 ICT정책분야 별 주요사업

시기	정책분야	주요 사업 분야
노무현 정부	차세대 성장 동력산업 10개 분야	– 지능형 로봇, 미래형 자동차, 차세대 전지, 디스플레이, 차세대 반도체, 디지털TV/방송, 차세대 이동통신, 지능형 홈 네트워크, 디지털콘텐츠/소프트웨어 솔루션, 바이오신장/장기
이명박 정부	신성장 동력산업 17개 분야	– 녹색 기술산업 : 신재생, 탄소저감, 고도물처리, LED응용, 그린수송 시스템, 첨단 그린도시 – 첨단융합산업 : 방송통신융합, IT융합시스템, 로봇응용, 신소재·나노융합, 바이오제약 · 의료기기, 고부가 식품산업 – 고부가 서비스산업 : 글로벌 헬스케어, 글로벌 교육 서비스, 녹색금융, 콘텐츠 · 소프트웨어, MICE · 관광
박근혜 정부	미래 성장동력 19개 분야	– 주력산업 : 스마트자동차, 5세대 이동통신, 심해저 해양플랜트, 수직이착륙 무인기 – 미래산업 : 지능형 로봇, 착용형 스마트기기, 실감형 콘텐츠, 스마트바이오생산시스템, 가상훈련시스템 – 공공복지·에너지산업 : 맞춤형 웰니스케어, 재난안전관리 스마트시스템, 신재생에너지 하이브리드, 직류송배전시스템, 초소형발전시스템 – 기반산업 : 지능형 반도체, 융복합 소재, 사물인터넷, 빅데이터, 첨단 소재가공시스템
문재인 정부	혁신성장 산업, 5개 영역 10대 분야	– 신산업 : 데이터, AI, 미래자동차, 모빌리티 – 바이오헬스 : 의료신기술, 헬스케어 – 공통산업 : 핀테크, 기술창업 – 제조혁신 : 산업단지, 자원순환 – 서비스산업 : 관광, 전자상거래 · 물류

* 출처 : 홍영식·이덕로 (2017), 정책브리핑(2020)을 토대로 재정리

새 정부가 출범할 때마다 ICT 분야는 정부 차원의 거버넌스에서 중요한 관심의 대상이자, 의제로서 검토된다.

특히 4차 산업혁명 시대의 ICT 산업 분야는 다양한 생태계 구조 간 협력과 정책의 조율을 통해 중요한 국가 산업전략의 프레임으로서 역할을 해야 한다. 따라서 정부 조직, 산하기관, 민간조직 등이 이러한 역할에 대하여 각기 역할에 대한 프레임을 잘 조정해야 할 것이다. 따라서 ICT 산업에 대한 차기 정부의 거버넌스는 정부 정책의 일관성과 조화를 위한 각 산업을 대표하는 민간사업자와 정부의 정책 결정 행위자 간 협력과 조정이 절실하다.(정용남, 2021)

우리나라의 ICT 산업 거버넌스는 그간의 과정에서는 데이터 독점과 데이터 이동성에 대한 문제가 크게 부각되지 못했다. 왜냐하면, 검색과 광고 시장으로 제한된 개인 정보의 활용에 대한 이슈가 산업 독점의 영역이 아닌 다양한 사업자가 시장에 존재하는 구조로서 기능했기 때문이다. 하지만, 전 세계 ICT 산업이 데이터 기반의 빅테크 기업들로 혁신을 해나가면서부터 이러한 시장 구조에 있어 파열음이 나타나기 시작했다. 이용자의 개인 정보들을 모으면 어느새 사업화가 가능한 정보로서 작용하게 되기 때문이다. 또한 이를 통해 좀 더 구체적인 광고 타겟팅이 가능해졌고, 개인화 서비스를 통해 개인들의 일상, 쇼핑, 소비 패턴 등을 어렵지 않게 분석할 수 있게 되었다. 그리고 이 정보들은 점점 더 산업화되어, 데이터의 독점적 경향성을 강화하는 구조로서, 각각의 사업화된 카테고리들을 굴비 엮듯 엮어서, 데이터 기반의 시너지를 내려고 시도하고 있다. 그리고 이들은 전 세계 산업을 지배하는 거대 ICT 기업들이 되어버렸다.

또한 해외 글로벌 콘텐츠 제공 사업자 또는 국외 온라인 플랫폼 사업자들은 인앱 결제 과정에서 어플리케이션 사업자들이 자사에 수수료를 지급하듯이, 글로벌 콘텐츠 제공 사업자 또는 국외 온라인 플랫폼 사업자들의 국내 시장 진출은 '한국'이라는 앱 시장에 글로벌 콘텐츠 제공 사업자가 입점하는 형태가 된다. 즉, 우리나라의 시장에서 발생한 결제는 우리나라라는 앱 장터에서 발생한 인앱 결제라고 볼 수 있다. 또한, 우리나라에서 인앱 결제 된 기업의 매출에 대해서는 세법에 따른 수수료를 부과할 수 있어야 한다.

구글과 같이 인앱 결제 수수료가 15~30%까지는 아니더라도, 세금 부과체계에 따른 적정한 세금 부과가 이뤄줘야 한다는 의미다.

따라서 정부는 부처 예산 확대를 위한 거버넌스가 아닌, 시장의 경쟁 환경 조성을 통해 이용자의 서비스 이용 선택권 등을 보장할 수 있도록 제도적 기반을 마련할 필요가 있다. 개인정보보호위원회와 공정거래위원회, 과학기술정보통신부, 방송통신위원회, 문화체육관광부, 산업자원부, 고용노동부 및 교육부 간 협업이 가능한 위원회 형태로 정책 조정이 이뤄져야 한다.

또, 부처 간 칸막이를 방지하고, 각 고유 영역에 대한 범위를 초과

하지 않는 선에서, 공정경쟁 환경에 대한 평가 및 시장조사의 선행(방통위의 방송시장경쟁상황평가위원회 같은 조사 방식을 따르되, 조사 시기와 조사 방법, 경쟁 환경 분석 등은 플랫폼 산업의 진흥과 이용자 보호라는 관점에서 명확한 기준의 적용 마련 등을 토대로 진행), 이용자의 서비스 선택권 보장을 통한 경쟁의 촉진을 적극적으로 추진할 필요가 있다. 즉, 경쟁의 원리가 제대로 작동되는 시장의 구현을 통해 다양한 사업자들 간 서비스 경쟁이 촉진되어야 할 것이다. 그것이 곧 이용자 보호의 기본 정책이어야 한다. 또한 산업 정책의 효율을 극대화하는 길이다.

(2) 차기 정부 거버넌스

우리나라의 ICT 산업 정책은 이명박 정부에서 정보통신부를 해체하고 다(多) 부처로 기능을 분산시키고, 방송 통신 융합 부서인 방송통신위원회를 출범시킨 것이 패착이었다. 왜냐하면 분산형 거버넌스 체계에 대한 문제 제기가 끊임없이 지속되었기 때문이다. 또한 박근혜 정부에서는 미래창조과학부를 신설하고 강력한 ICT 산업정책에 대한 권한과 기능을 부여했지만, 정책적 시너지 효과나 창조경제를 통한 일자리 창출에는 한계가 나타나, 결국 정부 부처 간 정책 갈등만 야기했다는 평이다. (윤광석, 2014)

문재인 정부에서도 ICT 산업 분야의 산업진흥과 규제 등의 법과 제도가 산업 진흥의 발목을 붙잡고 있다는 인식이 많다는 조사 결과도 있다. 이를 위해 향후 차기 정부에서는 ICT 분야의 법 제도를 개선하고, 공정경쟁 환경 조성 및 산업진흥을 추진해야 한다고 보았다. 특히 시장 경쟁구조의 개선 및 이용자 피해 방지 등 규제 역차별 해소 등을 주요 과제로 보았다. (안영국, 2021, 10, 24)

4차 산업혁명의 주도권을 누가 갖는가에 따라 우리가 포스트 COVID-19 시대의 선진국 반열에 우뚝 솟을 기회를 잡게 될 것이다. 따라서 문재인 정부에서 4차 산업혁명 시대의 혁신성장 산업에 대한 정책적 지원과 연계하여 정책의 지속성을 갖기 위해서는 문재인 정부에서 전개되었던 정책지원 시스템의 문제점들을 파악해, 정책적 보완의 형태로 거버넌스를 개편해나가는 것이 필요할 것으로 보인다. 이전 정부와의 차별성을 위한 보여주기식 정부 조직 개편으로는 4차 산업혁명 시대를 선도할 정책 방안은 만들기 어려울 것이다.

그러기 위해서는 그간의 정부 거버넌스에서 노출된 다양한 문제점들을 보완할 수 있는 제도적 틀을 구축할 필요가 있다. 이는 기존 연구의 거버넌스 연구를 통해 통합적으로 제시될 필요가 있다.

윤광석(2014)은 ICT 산업에 대한 현행 정책 결정 과정처럼 분산된 부처 형태의 정책 추진체계를 유지해나가면서, 정책 조정 기능, 부처 간 업무 조정에 대한 기능을 강화하는 것을 1안으로 삼고, 장기적으로는 부처 및 정책 통합을 추진해 ICT 정책 컨트롤 타워를 개편해야 한다고 보았다. 특히 정책 결정 과정에서는 부처 간 협업을 활성화하고, 실무급 정책 조정 협의체를 구성하여 부처별 정책 협업을 활성화시켜야 한다고 보았다. 고위급 정책 조정 협의체는 정책협조가 사실상 어려울 것으로 봤다. (윤광석, 2014)

또한 정용남(2021)과 마찬가지로 정보통신 전략위원회를 대통령 직속 위원회로 기능을 강화하고, 청와대에 ICT 수석 비서관을 둘 것을 제안했다. (정용남, 2021) 법률구조는 ICT 기본법 또는 현행 ICT 특별법 개정을 통해 정보통신 전략위원회 역할의 강화 및 임시허가제도 활성화 등을 적극적으로 추진해야 한다고 제안했다. 현재, 임시 허가제도 등은 ICT 특별법에 반영되어 지속적으로 추진되고 있는 제도다.

정용남(2021)은 4차 산업혁명 시대의 정부 거버넌스는 대통령중심제적 특성에 걸맞게 대통령 직속의 정책 조정위원회와 정책 보좌진 제도를 도입을 통해 수직적 메커니즘의 구현을 통해 대통령제 특성을 살린 리더십이 필요하다고 보았다. 또한 ICT 전담부처인 과학기술정보통신부에 대한 부총리급 기관으로 격상시키자는 안도 제시했다. 하지만 일부에서는 부총리급 기관의 격상은 적절하지 않다는 주장도 있다. 타 부처의 반발도 고려되지만, 현재의 디지털화는 과거의 정보 통신과 성격과 양상이 다르고, 단일 부처에서 정책의 총괄을 시행하고 집중하는 것은 적합하지 않기 때문이라는 견해다. (윤광석, 2014; 홍영식 · 이덕로, 2017) 그리고 수평적 리더십을 구축하기 위해서는 각 부처가 정책적 갈등을 방지하기 위해 명확한 정책 관할 업무의 명시가 필요하다고 주장한다. 또한 부처 간 정책 공동기획, 협력 등에 따른 보상책을 제시해야 한다고도 보았다. 부처 산하기관에 대한 조정 문제도 언급되었다. 산하기관에 대한 역할의 명확화, 중복된 업무의 최소화, 독립성과 권한을 부여하거나, 스웨덴과 같이 산하기관을 부처별로 공동 활용하는 안을 제시하기도 했다. (정용남, 2021)

홍영식 · 이덕로(2017)는 4차 산업혁명 시대를 준비하기 위해서는 우선 전자정부 구현 기능 중 개인 정보보호 및 빅데이터 이용 및 활용 관점에서 접근할 필요가 있다고 보았다. 또한 우리나라 ICT 산업은 기기 분야가 70%를 차지하므로 제조업과 서비스업이 포함된 산업으로 ICT 산업의 범주를 확장해야 한다고 주장한다. 이와 함께 콘텐츠, 플랫폼, 네트워크, 기기 분야에 대한 다(多)부처 정책 업무를 총괄할 조정 기구가 있어야 하며, 각 정책의 실행은 기존의 각 부처에서 수행하고, 총괄 조정 기구가 이를 조정하는 방안을 제시한다. 이는 새 정부 출범과 함께 자주 사용된 민간 및 정부 위원으로 구성되는 형태인 '위원회' 조직으로서 사무국 또는 산하 연구기관이 같이 형태로의 구성을 제안했다. 왜냐하면 정부 주도적 개입보다는 시장의 효율성을 높일 수 있는 정책 방안을 마련하기 위해서다. 따라서 '4차 산업혁명 민관위원회'와 같은 조직을 상위 정책 컨트롤 타워로써 활용하고, 이 기구에서 사회경제구조의 변화에 대비한 정책의 가이드라인을 제시 및 종합(교육 및 노동 분야 포함)하고 R&D 예산의 심의, 사무국 및 산하 연구기관을 배치하여 정책적 지원을 해야 한다고 제안했다. 특히 이 위원회는 산업 분야, 교육 분야, 노동 분야에 대한 정책적 대비를 통해 4차 산업혁명 시대에 나타날 수 있는 산업, 교육과 노동 분야의 변화를 대비하면서, 기존 ICT 전담부처를 미국의 상무부 수준으로 제조와 서비스를 총괄하면서도 무역, 기술, 기업, 경제 산업 등의 업무를 포괄하는 역할을 수행하도록 하자는 안이다. 우리나라로 치면 산업 자원부가 그 같은 역할을 수행할 수 있다고 보았다. 또한 교육 및 노동 분야는 4차 산업혁명으로 나타날 수 있는 미래의 노동구조 변화, 실업 또는 사회안전망 확보 차원에서의 정책적 협력을 고려하는 정책적 차원의 거버넌스다. (홍영식 · 이덕로, 2017)

또한 ICT 산업을 주무르는 부처가 3개나 되면서 부처 간 정책 협력이나 조정이 실패하였고, 공정거래위원회까지 나서서 기업의 인수합병에 대한 지나친 간섭 등으로 시장 재편의 타이밍을 놓침으로써, 국내 산업의 시너지가 나지 않았다는 주장도 나왔다. 차기 정부에서는 전 산업의 디지털 혁신을 추진할 조직 개편이 필요하며, ICT 산업 정책 전반을 아우르는 독임제 부처의 필요성을 제기했다. (성동규, 2021, 11, 18)

한편 야당인 '국민의 힘'은 미디어 산업 진흥, 사회적 가치의 증진을 추구하는 정부 거버넌스로의 재편 추진하기로 입장을 정리했다. 이는 문재인 정부가 내세운 다(多)부처 중심의 ICT 산업정책이 실패했다고 자체 판단에 따른 것이라 볼 수 있다. 이에 국민의 힘은 미디어 정책을 포괄하는 과학기술정보통신부 · 방송통신위원회 · 문화체육관광부 · 공정거래위원회 등에 흩어져 있는 부처별 미디어 산업과 정책 및 조직 업무에 대해 독임제 부처인 '디지털 미디어 혁신부'(가칭)로 이관하고, ICT 산업 전반에 대한 총괄을 담당시킨다는 안이다. 또한 청와대 조직으로서 '디지털 미디어 수석실'(가칭)을 설치해, 미디어산업 육성 및 총괄 컨트롤 타워 기능을 수행한다는 방침이다. 또한 공영방송 등은 '공영 미디어위원회'(가칭)를 통해 합의제 기구로 공영방송 관리 및 감독을 전담하는 안을 확정하였다. (박종진, 2021, 11, 3)

〈표 31〉. 정부 거버넌스 관련 연구 및 양대 정당의 거버넌스 추진(안)

구분	주요내용
정용남(2021)	[수직적 조정 메커니즘] – (대통령중심제) 대통령중심의 수직적+수평적 리더십 발휘해야 – (ICT 전담부처) 현재와 같은 분산 체제 유지와 정책 컨트롤 타워 강화 * ICT 전담부처인 과기부를 부총리급으로 격상, * 대통령 직속 정책 조정위원회 구성 · 운영, 대통령 직속 정책 보좌진 강화 필요 * 산하기관 역할 명확화, 산하기관 간 업무 중복 최소화, 독립성 및 권한 부여, 산하기관 공동 활용 등 [수평적 협력 활성화] – 부처 간 경쟁으로 정책 갈등 심화 방지 위해, 명확한 정책 관할 정리 필수적, 부처 간 정책 공동 기획, 적극적인 협력하는 부처들 간에는 적극적 보상 제시
윤광석(2014)	[조직] 정책 추진체계 정비 단기적으로는 1안, 중 · 장기적으로는 2안을 제안 – (1안) 현행 분산형 추진체계 유지 : 정책 조정 기능 강화, 부처 간 업무 조정 – (2안) 부처 및 정책 통합 추진 체계 개편 : 산재된 ICT 정책 통합, 중복 부처 통합, ICT 정책 우선순위로 추진, 미래창조과학부 과학기술 및 ICT 분리 [정책] ICT 정책에 대한 부처 간 협업 활성화 : 부처 간 정책 조정 협의체 구성(실무급 협의체), 정보통신 전략 위원회를 대통령 직속 위원회로 기능 강화, 청와대 ICT 수석비서관실 설치 [법률] ICT 기본법 제정 또는 현행 ICT 특별법 개정 통해 정보통신 전략위원회 역할 강화, 임시 허가제도 활성화 등을 적극 추진

홍영식 · 이덕로 (2017)	**[민관위원회 구성]** 4차 산업혁명 민관위원회가 정책 컨트롤 타워로서 작동 - 산업분야, 교육 분야, 노동 분야 정책 조정 기능 및 산업 자원부, 중소기업부 등의 조직을 둔다. * 산업 분야 : R&D 예산 집행, 혁신 생태계 조성, 서비스 분야 포함, 중소기업 전파 기능 포함 * 교육 분야 : 교육, 기술, 엔지니어링 등 * 노동 분야 : 노동구조 변화 대비, 실업대책, 재원 마련 등 - **[산업 자원부 등이 총괄]** 미국의 상무부와 같이 제조업과 서비스업을 총괄하고, 무역, 기술, 기업, 경제 등의 업무를 포괄하도록 정책부처로서 역할을 수행
성동규 (2021. 11. 18)	**[부처 간 협력 조정의 부재]** 방송통신위원회, 과학기술정보통신부, 문화체육관광부 등 3개 부처의 업무가 명확히 구분되지 않아 부처 간 협력과 조정에 실패함 - 토종 OTT 육성에 실패, 중복 규제로 사업자 혼란 자초, 공정거래위원회의 미디어산업 인수합병 과정에서 지나친 간섭 - 차기 정부는 전 산업 디지털 혁신을 위한 정부 조직 개편으로 효율적 업무 추진 기구 마련 필요 **[독임제 부처 필요]** 수평적, 통합적인 ICT 산업진흥 정책을 총괄하는 독임제 부처 필요
국민의힘 (2021. 11)	ㅇ 미디어 산업 진흥, 사회적 가치 증진 추구하는 거버넌스로 재편 추진 박종진, 2021. 11. 3) - 미디어 정책 포괄하는 과기정통부 · 방통위 · 문체부 · 공정위 등 부처별 미디어 산업 · 정책 및 조직 업무를 '디지털 미디어 혁신부'로 이관하여 단일 독임제 부처로 ICT 산업을 총괄 - 청와대 내 디지털 미디어 수석실(가칭)을 설치해, 미디어산업 육성 및 총괄 컨트롤 타워 기능 - 공영방송 등은 (가칭)공영 미디어 위원회를 통해 합의제 기구로 공영방송 관리 및 감독을 전담
더불어민주당 (2021. 5)	ㅇ 방통위, 과기부, 문체부 등을 통합(송혜영, 문보경, 이경민, 조정형 (2021. 6. 1) -'(가칭)미디어부', 또는 '(가칭)미디어 커뮤니케이션부'로 신설 제안 - 부처 간 입장차로 미디어정책의 균형성, 일관된 정책 수행의 어려움에 따른 것 - 방송통신위원회는 방송사업자의 허가 및 재허가, 승인, 시정조치 및 처벌 등을 담당 - 신설 부처(가칭) 미디어부가 미디어 플랫폼 경쟁력 강화와 진흥, 규제 감독을 통합 담당 ㅇ 특허청, 식약처, 문체부, 농림부 등의 지식재산을 총괄하는 '지식 재산처' 설치 제안 - 행정안전부 및 통계청 등 통계 및 데이터 총괄하는 '미래 전략 데이터처' 신설 제안 등

* 출처 : 윤광석(2014), 홍영식 · 이덕로(2017), 정용남(2021), 성동규(2021. 11. 18), 박종진 (2021. 11. 3), 송혜영, 문보경, 이경민, 조정형(2021. 6. 1)을 토대로 저자가 재정리.

(3) 차기 정부 ICT 산업 정부 거버넌스 제언

ICT 산업은 콘텐츠, 플랫폼, 네트워크, 기기(CPND) 등의 산업 전반에서 국가 전체의 GDP에서 차지하는 비중을 무시할 수 없는 수준이며, 향후에도 이 같은 산업화 전략을 통해 지속적인 경제 성장을 견인하여, 국가 성장의 원동력이 되어야 한다. 이는 국가전략 산업의 지속적 성장에 따른 정부의 세수 확보, 일자리 창출, 복지국가의 지향을 위한 예산으로써 활용할 수 있는 토대를 구축할 수 있다. 따라서 선도 경제를 이끌 정책 발굴 및 산업화에 총력을 기울여야 한다.

이에 따라 ICT 산업은 그간의 과학기술정보통신부, 방송통신위원회, 문화체육관광부 등 3개 부처 중심의 ICT 산업 전략보다는 다 부처에서 파생되고 있는 ICT 정책의 통섭적 관점에서 접근해야 한다. 이를 통해 ICT 산업에서 파생되는 공공 및 민간 데이터 등의 결합을 통한 산업 진흥의 정책적 결실을 차기 정부에서 실현할 수 있도록 정부 거버넌스가 재편되어야 한다. 이는 정부 부처가 하나의 단일 플랫폼과 같은 산업의 역동성을 가져야 함을 의미한다. 상호 유기적인 결합의 관점에서 정부 거버넌스를 새롭게 재편한다는 당위성은 지능정보사회의 시대적 요구라고 할 수 있다.

이러한 관점에서 기존 ICT 산업을 총괄해오던 부처(과학기술정보통신부, 방송통신위원회, 문화체육관광부)를 비롯해 개인 정보 보호와 관련된 개인정보보호위원회, 기업의 인수합병과 공정경쟁 환경 조성을 위한 공정거래위원회, ICT 산업 분야의 기기 및 플랫폼 등 산업에 특화된 산업자원부, 새로운 플랫폼 전성시대에 필요한 인재 육성 및 교육의 연계성을 담당해야 할 교육부, 급격한 디지털 트랜스포메이션으로 인한 고용시장에 대한 정책을 맡게 될 고용노동부, 스타트업 및 소상공인 등 ICT 산업의 촉매제 역할을 해야 할 중소 벤처기업부, 공공 및 민간 데이터의 효과적 결합과 체계화를 주도해야 하는 행정자치부, 통계청 등이 ICT 산업의 총괄 정책 추진 기구로서 융합해야 하는 정부 부처들이라고 할 수 있다. 이는 부처의 고유 업무 영역 중 ICT 산업을 총괄할 수 있는 정책·산업·조직 등이 단일한 부처로 통합할 수 있어야 한다는 것을 의미한다. 특히 콘텐츠(Contents), 플랫폼(Platform), 네트워크(Network), 기기(Device) 등의 전 산업 분야의 정책·산업·조직과 이러한 산업을 통해 얻게 되는 공공 및 민간 데이터 등을 총괄할 수 있는 정책 집행의 컨트롤 타워로서 '디지털 플랫폼 산업부'(가칭) 부처를 제안한다. 이와 함께 디지털 플랫폼 산업부와 ICT 산업의 마중물이 될 공공 및 민간 데이터의 결합과 활용 등에 민첩하게 움직일 기관의 신설이 절실하다. 즉, '미래 데이터 전략청'(가칭)을 신설해 전 산업 분야의 데이터에 대한 ICT 산업화 전략 및 미래 예측에 대한 전 방위적 데이터 기반 전략 등을 총괄토록 해야 한다. 이러한 ICT 산업 전략 및 거버넌스를 뒷받침하기 위해서는 국회가 '플랫폼 산업 특별법' 제정을 통해 전 방위적으로 협력해야 한다.

또한 대통령 직속의 4차산업혁명위원회를 개인정보보호위원회와 같은 중앙 행정기관으로 승급시켜서, 민간과 정부 기관의 정책 협력 기관으로서, 정책의 기본 계획 수립 등에 대한 사회적 합의를 통해 및 정책 집행의 가이드라인을 상시로 수립하고, 여기서 생산된 정책 등은 '디지털 플랫폼 산업부'에서 세부 정책의 수립 및 예산 집행 등이 이뤄질 수 있도록 한다. 이와 함께 관련 산하 기관들에 대한 각 업무 영역별 통폐합을 통해 정부 산하기관의 업무 중복을 배제하고, 관련 산업 예산을 통합적으로 관리 운영할 수 있도록 기관의 업무 조정 등을 실시하는 방안을 제시한다.

종합하면, 대통령 직속의 4차산업혁명위원회를 중앙행정기관으로 승격시켜 민 · 관 정책 개발 위원회로서 기본 정책의 수립과 민 · 관의 의견수렴을 통한 미래 산업 예측이 가능하도록 명확한 업무를 분담하도록 기본 제도의 골자를 계승 발전시킬 필요가 있다. 이와 함께 기존 정부 부처 내에서 ICT 산업 관련 정책, 사업 및 조직을 통합하여 단일한 매머드급 부처로의 통합이 전제되어야 한다. 이는 '디지털 플랫폼 산업부'(가칭)로 부처를 신설할 것을 제안한다. 이와 더불어 전 방위적 공공 및 민간 데이터의 결합화 활용에 대한 데이터 산업 전략을 펼칠 '미래 데이터 전략청'(가칭)을 신설해 행정안전부, 통계청 및 기존 데이터 산업 관련 정책, 사업 및 조직 등의 업무를 총괄하도록 업무를 조정할 필요가 있다.

〈그림 12〉. ICT산업분야 차기 정부 거버넌스(1안): 민 · 관위원회 정책기획 컨트롤타워

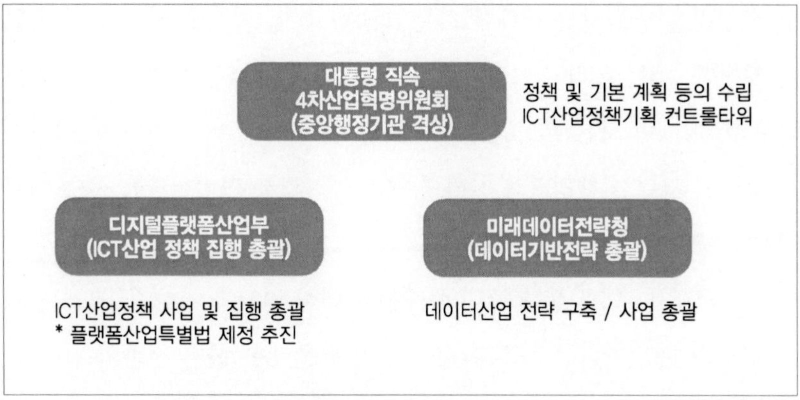

4차산업혁명위원회의 중앙행정 기관화가 어려울 경우, 2안으로 청와대 내 '디지털 플랫폼 산업 전략 수석실'(가칭)을 신설해 대통령 직속의 컨트롤 타워로서 역할을 해야 할 필요가 있다.

〈그림 13〉. ICT 산업분야 차기 정부 거버넌스(2안): 청와대 정책기획 컨트롤타워

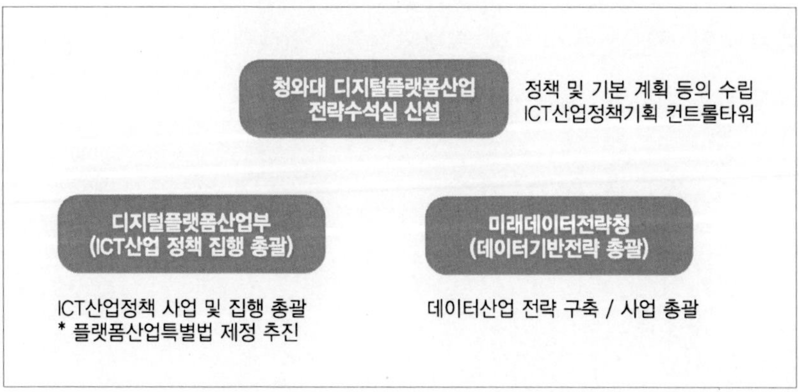

끝으로 차기 정부 거버넌스 5년은 우리나라의 50년을 책임지게 될 산업 전략을 반드시 실현해야 하는 막중한 책임 의식을 느낄 수밖에 없을 것이다. 이는 우리가 아직 가보지 못한 미래를 사전에 준비하고, 기획하고, 실행해야 하는 부담감이 있겠지만, 반드시 우리가 가야 할 길이라는 점에서 강력한 행정력과 산업 정책의 추진력을 겸비한 ICT 산업 거버넌스를 구축해야 한다.

이상의 논의를 통해 국내 플랫폼에 대한 역할과 지향점, 크게는 차기 정부의 ICT 거버넌스, 마이데이터 기반 플랫폼 산업 전반의 진흥 전략을 제시하였다. 우리는 이 같은 플랫폼에 대한 광의의 과제가 좀 더 구체적인 과학적 통계를 기반으로 연구가 될 수 있기를 기대하면서 이 책을 기획하게 되었다. 책에 플랫폼의 순기능과 역기능에 대한 다양한 현상과 전략을 제시하였지만, 영리사업자인 플랫폼 기업에 대한 정보 접근권의 한계와 정부를 상대로 한 전략 제시에 자유롭지 못했던 것은 사실이다. 이에 개괄적인 국내 플랫폼의 규제와 진흥에 있어서 중요하게 다뤄져야 할 부분과 차기 정부, 플랫폼, 학계, 국회 등 다양한 영역에서 자유롭게 논의되어야 할 과제들을 이 책에 남긴다. /끝/

참고문헌

김미리내 (2021. 9. 17).
빅테크 규제한 금소법, 마이데이터로 불똥 튄다. 〈비즈니스와치〉. URL: https://news.bizwatch.co.kr/article/finance/2021/09/16/0017

김민석 (2021. 11. 15).
융통성 없는 규제에 마이데이터 막힌 삼성카드. 〈데일리안〉. URL: https://www.dailian.co.kr/news/view/1052397/?sc=Daum

김윤수 (2021. 10. 25).
디즈니에이어서 애플TV+ 상륙… 한국 놓고 해외 OTT 3강 각축전. 〈조선비즈〉. URL:https://biz.chosun.com/it-science/ict/2021/10/25/Q6VOQ76NF5CG ZHI-B2ALAG5LRFY/

김윤수 (2021. 11. 4).
구글, '인앱결제법' 따라 외부결제 수단 보장하기로. 〈조선비즈〉. URL: https://biz.chosun.com/it-science/ict/2021/11/04/PQT6UDWJ5JGZJNOBDER2OA2FIU

권혁준 (2020. 1. 30).
네이버, 라인 분할한다…"Z홀딩스 경영통합 목적". 〈뉴스1〉. URL: https://www.news1.kr/articles/?3828292

김연지 (2018. 1. 7).
네이버 '최순실 검색어' 조작?…KISO "특별한 문제 없다" 심의결정 내린 것. 〈노컷뉴스〉. URL: https://www.nocutnews.co.kr/news/4903130

김문관 (2018. 9. 14).
소상공인연합회 "네이버, 표준 광고 단가표 만들어야". 〈조선일보〉. URL: https://www.chosun.com/site/data/html_dir/2018/09/14/2018091403722.html

김정유 (2021. 11. 3).
'시장지배적 지위' 두고 격돌…네이버 · 공정위 법정공방 '본격화'. 〈이데일리〉.
URL: https://www.edaily.co.kr/news/read?newsId=03604726629242112&med iaCodeNo=257&OutLnkChk=Y

김우보 (2021. 12. 7).
코로나 충격파, 소상공인 · 청년 일자리부터 덮쳤다. 〈서울경제〉.
URL: https://www.sedaily.com/NewsView/22V78X8ESB

김인경 (2021. 1. 20).
네이버, 월 9천만명 보는 웹소설 플랫폼 '왓패드' 인수...웹툰과 시너지 낸다. 〈블로터〉.
URL: https://www.bloter.net/newsView/blt202101200002
고광욱 (2020). 코로나19 사회적 거리두기 신체활동수칙. 〈보건교육건강증진학회지〉, 제37권 1호, 109-112.

김민수 (2021. 11. 7).
"공공 · 민간 함께 클라우드 성공 모델 만들어야 할 때". 〈전자신문〉.
URL: https://www.etnews.com/20211105000161

강두순·강우석 (2020. 12. 29).
[단독] M&A 광폭행보 카카오모빌리티, 마이발렛 품었다. 〈매일경제〉.
URL: https://www.mk.co.kr/news/stock/view/2020/12/1331947/

강일구 (2013. 7. 17).
프랜차이즈가 뭔가요. 〈중앙일보〉.
URL: https://www.joongang.co.k r/article/12089231#home

기획재정부 (2021. 7. 8).
경제e이야기. URL: https://blog.naver.com/mosfnet/222424691320

과학기술정보통신부 (2021).
2021 4차 산업혁명 지표 발표. URL:https://www.msit.go.kr/b bs/view.do?sCode=user&mId=113&mPid=112&pageIndex=&bbsSeqNo=94&nttSeqNo=3180792&searchOpt=ALL&searchTxt=

공정거래위원회 (2020. 10. 7).
네이버(쇼핑, 동영상 부문) 시장지배적 지위남용행위 및 불공정거래행위 제재 발표.
URL: https://www.ftc.go.kr/www/selectReportUserView.do?key=10&rpttype=1&report_data_no=8759

공정거래위원회 (2020).
대형 유통 업체 판매수수료율 등 유통거래 실태조사 결과 발표.
URL: https://ftc.go.kr/www/selectReportUserView.do?key=10&rpttype=1

국가법령정보센터 (2021).
소상공인 보호 및 지원에 관한 법률. URL : https://www.law.go.k r/LSW//lsSc.do?section=&menuId=1&subMenuId=15&tabMenuId=81&eventGubun=060101&query=%EC%86%8C%EC%83%81%EA%B3%B5%EC%9D%B8%EB%B2%95#undefined

국세청 (2021).
착한임대인 세액공제 제도.
URL : https://www.nts.go.kr/nts/cm/cntnts/cn tntsView.do?mi=40005&cntntsId=238883

김동주 (2020).
디지털 경제에서 네트워크 효과와 경험학습의 장기적 분석에 관한 소고.
〈정보통신정책연구〉, 제27권 2호, 87–97.

김동준 (2021. 8. 30).
카카오모빌리티, IPO 앞두고 '가시밭길' 예고. 〈뉴데일리경제〉.
URL : http://biz.newdaily.co.kr/site/data/html/2021/08/30/2021083000050.html

김인경 (2021. 7. 15).
'카카오T 퀵', 전국으로. 〈블로터닷넷〉.
URL : https://www.bloter.net /newsView/blt202107150019

김숙경·김천곤·김기환 (2011).
유통산업의 구조변화 및 경쟁력 강화 방안 – 소매유통을 중심으로. (산업연구원 연구보고서, 2011–602). URL : https://www.kiet.re.kr/part/sDownloa d.jsp?s_idx=30706

네이버 주식회사 (2021. 12. 3).
네이버 고객센터. URL: https://help.naver.com/support/content.help?serviceNo=606&-categoryNo=1903

네이버 주식회사 (2016. 1. 4).
네이버캐스트 '아마존웹서비스(AWS)'. URL: https://terms.n aver.com/entry.naver?do-cId=3580218&cid=59088&categoryId=59096

네이버 주식회사 (2021. 8. 7).
제23기 반기보고서. URL: https://www.navercorp.com/na vercorp_/ir/audit-Report/2021/2Q21_consolidated_kor.pdf

네이버 주식회사 (2021. 9. 1a).
네이버 디스플레이광고. URL: https://displayad.naver.com

네이버 주식회사 (2021. 9. 1b).
전자공시시스템. URL: https://dart.fss.or.kr/dsab007/mai n.do

네이버 주식회사 (2021. 9. 1c).
네이버 인물정보. URL: https://url.kr/6gbkl9

네이버 주식회사 (2021. 9. 1d).
검색 광고 무효클릭 신고. URL: https://saedu.naver.com /help/ccenter/intro.naver

네이버 주식회사 (2021. 9. 2). 통합검색 서비스 소개. URL : https://help.naver.com/support/contents/contents.help?serviceNo=606&categoryNo=1903

네이버 주식회사 (2021. 10. 3).
네이버스마트스토어. URL: https://sell.smartstore.naver.c om/#/home/about

네이버파이낸셜 주식회사 (2021. 10. 19a).
스마트스토어 사업자대출. URL: https://www.naverfincorp.com/main

네이버파이낸셜 주식회사 (2021. 10. 19b).
스마트스토어 사업자대출. URL: https://www.na verfincorp.com/report/view/37

네이버 주식회사 (2021. 12. 8).
웹툰 매체소개서. URL: https://shared-comic.pstatic.net/filesh are/Webtoon_guide_ver2.8.13_1.pdf?

네이버 주식회사 (2021. 12. 13a).
네이버 검색광고 센터. URL: https://searchad.naver.c om/my-screen

네이버 주식회사 (2021. 12. 13b).
데이터랩 쇼핑 인사이트. URL: https://datalab.naver.co m/home/sectionSearch.naver

네이버 주식회사 (2021. 12. 13c). 네이버 검색광고 센터 광고주시스템, 키워드 도구.
URL: https://manage.searchad.naver.com/customers/1075497/tool/keyword-planner

달여리 (2017). 젠트리피케이션, 그 보통의 장면. 신현방 (편). 〈안티 젠트리피케이션〉 (133–155쪽). 파주: 동녘.

대외경제연구원 (2021).
2022년 세계경제 전망.
URL: https://www.kiep.go.kr/galleryDownload.es?bid=0003&list_no=9812&seq=1

로지올 (2021).
회사소개서. URL: https://389f7ca5-99ee-4ccd-9268-836a20c5b2e8.filesu sr.com/ugd/f6d0d7_714e75b7d0764bd0b1ee9feebbdf832a.pdf

리서치랩 (2021).
온라인 플랫폼 사용기업 실태조사 결과보고서. URL: https://www.mss.go. kr/common/board/Download.do?bcIdx=1025161&cbIdx=86&streFileNm=65d29866-0e40-4270-b1f2-8bdf0834e3bf.pdf

메쉬코리아 (2021).
HISTORY. URL: https://www.meshkorea.net/kr/about/#history

문영기·Hunter, W. C.·구철모 (2021, 6월).
〈제페토(Zepeto)에서 메타버스 4대 요소를 활용한 각 요소에 대한 관광 요소 분석〉. 한국경영정보학회 춘계통합학술대회. 여수: 유탑마리나 호텔&리조트.

미류 (2017).
문제는 강제퇴거: 인간의 존엄을 박탈하는 폭력. 신현방 (편). 〈안티 젠트리피케이션〉 (37–51쪽). 파주: 동녘.

민철기·강창덕 (2021).
상권의 공간적 확산에 따른 상업시설 생존율과 생존요인 비교 – 홍대지역 음식점을 중심으로. 〈서울도시연구〉, 제22권 2호, 17–38.

바로고 (2021).
회사소개서. URL: https://www.barogo.com/data/recruit/1637650194_211 006_%EB%B0%94%EB%A1%9C%EA%B3%A0_%ED%9A%8C%EC%82%AC%EC%86%8C%EA%B0%9C%EC%84%9C.pdf

박종진 (2021. 1. 20).
OTT "정책 · 창구 일원화". 〈전자신문〉. URL: https://m.etnews.com/ 20210119000174

박종진 (2021. 11. 3).
국민의힘 차기정부 미디어 거버넌스 '독임부처+합의기구'로 이원화. 〈전자신문〉. URL:https://www.etnews.com/20211103000077

박종진 (2021. 11. 19). 방통위 · 공정위로 '온라인플랫폼 규제' 이원화. 〈전자신문〉. URL: http s//m.etnews.com/20211118000207

박정훈 (2020).

배달의 민족은 배달하지 않는다. 서울: 빨간소금.

박종대 (2021).

로켓배송은 어디에서 날아 왔을까?. 서울: ㈜경향비피.

박진형 (2021. 9. 30).

카카오모빌리티, 주차장 사업 확장에 관련 중소업계 '긴장'. 〈전자신문〉.

URL: https://m.etnews.com/20210930000187

배동주 (2020. 2. 17).

[92개 계열사 거느린 카카오] 합치고 나눠 만든 네트워트 제국. 〈이코노 미스트〉.

URL: http://jmagazine.joins.com/economist/view/329122

배한님 (2020. 9. 2).

생각대로 · 부릉 · 쿠팡이츠…배달대행사, 수수료 어떻게 정하나. 〈뉴스토마토〉.

URL: https://www.newstomato.com/ReadNews.aspx?no=993816

법제처 (2018).

법령해석 사례 : 서울특별시 중랑구 – 대형마트 내 일부 점포에 대해 영업시간 제한 등 규제의 예외를 둘 수 있는지 여부(「유통산업발전법」 제12조의2 등 관련). URL: https://moleg.go.kr/lawinfo/nwLwAnInfo.mo?mid=a10106020000&cs_seq=391 1558&row-Idx=742

범기영 (2017, 7, 5)

포털 광고비 급등…골목상권 침해 논란. 〈KBS〉.

URL: https://news.kb s.co.kr/news/view.do?ncd=3510367&ref=A

박예원 (2021, 12, 4).

'슈퍼 예산'에 담긴 소상공인 지원책…"대출 위주". 〈KBS〉.

URL: http s://news.kbs.co.kr/news/view.do?ncd=5340756&ref=A

서진형·김현아·조춘한 (2021).

온라인 플랫폼 사업자 출점이 편의점과 슈퍼마켓에 미치는 영향. 〈프렌차이징저널〉, 제7권 2호, 53–75.

성동규 (2021, 11, 18).

차기정부와 미디어 거버넌스 방향. 〈전자신문〉.

URL : https://www. etnews.com/20211118000138

성낙일 (2021).

대형 유통 업체와 영세소매업체의 생존 및 폐업에 관한 실증분석. 〈산업조직연구〉, 제29권 1호, 1–41.

성낙일·권태구 (2016).

대형할인마트의 진입행태와 경쟁구조에 관한 실증분석. 〈산업조직연구〉, 제24권 1호, 1–40.

성낙일·정소라 (2019).
대형 유통 업체의 시장 진입이 소매업 고용상황에 미친 영향에 관한 실증분석.
〈산업조직연구〉, 제27권 2호, 43–88.

성현희 (2021. 4. 19).
[O2O 플랫폼]생각대로, "라스트마일 물류의 진짜 혁신은 지금부터". 〈전자신문〉.
URL: https://m.etnews.com/20210416000025

소상공인연합회 (2020).
코로나19 관련 소상공인 영향 실태조사.
URL: http://www.kfme.o r.kr/user/nd11533.do?View&boardNo=14094

송혜영·문보경·이경민·조정형 (2021. 6. 1).
차기 정부 거버넌스 개편, '대선 정국' 돌입했다. 〈전자신문〉.
URL: https://m.etnews.com/20210601000203

스타벅스 (2021).
신규입점 제의. URL: https://www.starbucks.co.kr/footer/partnership/ new_partner.do ·

신현방 (2017).
안티 젠트리피케이션. 파주: 동녘.

신현준·이기웅 (2016).
서울, 젠트리피케이션을 말하다. 서울: 푸른숲.

신유리 (2021. 4월).
〈메타버스의 담화적 특성 연구: 디지털 원주민 세대가 사용하는 〈제페토〉를 중심으로〉. 담화 · 인지언어학회 봄철학술대회 발표논문집. 서울: 온라인(zoom).

안영국 (2021. 10. 24).
차기정부에 바란다]차기정부 ICT 법제도 개선 시급...文정부 규제개혁 미진. 〈전자신문〉.
URL: https://m.etnews.com/20211024000025?obj=Tzo4OiJzdGRDb GFzcyI6Mjp7czo-3OiJyZWZlcmVyIjtOO3M6NzoiZm9yd2FyZCI7czoxMzoid2VilHRvIG1vYmlsZSI7fQ%3D%3D

윤광석 (2014).
ICT 정책 협업 활성화 방안 연구. 서울: 한국행정연구원.

이민화·최선 (2015).
1차 벤처붐의 성과에 대한 역사적 고찰과 평가. 〈중소기업연구〉, 제37권 제4호, 147-179.

이태규 (2021).
한국경제의 역동성 진단: 산업구조변화와 성장의 국제비교. 〈KERI Insight〉 제20권 13호, 1-20.

이정호 (2009. 8. 18). 'IT강국 코리아' 주도…재임기간 정보통신비중 美 · 日 추월. 〈한국경제〉.
URL: https://www.hankyung.com/politics/article/2009071753461

이준희 (2021. 9. 14).
핀테크 소용돌이, DLF(파생결합펀드)판결과 금소법 규제. 〈디지털타임스〉.
URL: https://news.v.daum.net/v/20210913193444384

이후섭 (2020. 9. 1).
KISA, '개인정보 가명 · 익명 기술동향 세미나' 개최. 〈이데일리〉. URL: https://www.edaily.co.kr/news/read?newsId=03142246625895856&mediaCodeNo=257&OutLnkChk=Y

이동인 (2021 12. 14).
방역패스 이틀째…네이버 QR만 40분간 장애. 〈매일경제〉.
URL: https://www.mk.co.kr/news/it/view/2021/12/1135635/

이정훈 (2021. 10. 5).
코로나에도 취업자 수 회복…프랑스 '연대 기금' 눈길. 〈한겨레〉.
URL: https://www.hani.co.kr/arti/economy/economy_general/1013852.html

이진영 (2021. 12. 2).
네이버 스마트스토어 병행하니 오프 매장 75.5% 매출↑. 〈뉴시스〉. URL: https://newsis.com/view/?id=NISX20211202_0001673699&cID=13001&pID=13000

원충희 (2021. 6. 3).
카카오모빌리티, 김태성 떠난 '파킹스퀘어' 청산. 〈the bell〉. URL: https://www.thebell.co.kr/free/content/ArticleView.asp?key=202106011700087280102932&lcode=00

오창화·이영주 (2020).
치킨집 개폐업으로 보는 지역별 특성 변화. [전자매체본]. 〈국토이슈리포트〉, 제29호, 1-12. URL: https://www.krihs.re.kr/issue/issueReportView.do?&se q=640

이선영 (2016).
닐 스미스와 젠트리피케이션, 그리고 한국. 〈공간과 사회〉. 제56권, 209-234

이수호 (2020. 8. 20).
드디어 돈 버는 카카오모빌리티, '가맹택시-주차-대리'로 흑자전환 일궈낸다. 〈테크M〉. URL: https://www.techm.kr/news/articleView.html?idxno=74491

이소아 (2020. 11. 3).
대형마트 내 소상공인 86.6% "영업규제로 매출 감소". 〈중앙일보〉. URL: https://www.joongang.co.kr/article/23910568#home

이윤구 (2013. 10. 7).
공정위, 대형 유통업체 판매 장려금 제도 개선. 〈연합인포맥스〉. URL: https://news.einfomax.co.kr/news/articleView.html?idxno=81259

이은영·이신혜 (2021. 5. 10).
"광고비만 月 100만원"… 식당주인 울리는 배달의민족 '깃발꽂기'. 〈조선일보〉. URL:https://biz.chosun.com/topics/topics_social/2021/05/10/SZV N2WV7YVHVB-GVLLMKLJANGUQ/

이재현 (2021. 5. 17).
한전-카카오모빌리티, '전기차 충전 플랫폼 구축' MOU 체결. 〈아시아타임즈〉.
URL: https://www.asiatime.co.kr/article/20210517500036?1=1

이재홍 (2017. 3. 21).
부실한 블랙 프라이데이 유통업계 거래구조 때문. 〈매일경제〉.
URL: https://www.mk.co.kr/news/economy/view/2017/03/191575/

정책브리핑 (2020).
혁신성장. URL:https://www.korea.kr/special/policyCurationViwe.do ?newsiew.do?newsId=148865240

정책브리핑 (2021. 9. 23).
OECD, 올해 한국 경제성장률 4.0%로 상향…"빠르고 강한 회복세". 〈대한민국정책브리핑〉.
URL: https://www.korea.kr/news/policyNewsView.do? newsId=148893404

중소벤처기업부 (2021b).
[Q&A] 소상공인 손실보상금 산정은 어떻게 하나요?
URL: https:// www.korea.kr/news/visualNewsView.do?newsId=148894788

중소벤처기업부 (2021a).
소상공인시장 경기동향조사 결과. URL: https://www.index.go.kr/p otal/stts/idxMain/selectPoSttsIdxSearch.do?idx_cd=1199

정원오 (2016).
도시의 역설, 젠트리피케이션. 서울: 후마니타스(주)

정용남 (2021).
한국의 ICT 거버넌스 : 메타 거버넌스 논의를 중심으로. 서울: 윤성사.

장은진 (2018. 9. 14).
소상공인연합회 "네이버 경매식 광고대신 표준단가표 만들어야." 〈한스경제〉.
URL : https://www.sporbiz.co.kr/news/articleView.html?idxno=272515

정자랑 (2014. 10. 7).
네이버 사옥 그린팩토리, 'LEED 플래티넘' 친환경 인증. 〈OSEN〉.
URL: http://osen.mt.co.kr/article/G1109975384

조성준 (2018. 10. 12).
[2018 국감] "네이버 경매식 검색광고 시스템 개편해야". 〈이투데이〉.
URL: https://www.etoday.co.kr/news/view/1673078

최다래 (2021. 4. 15).
카카오T비즈니스, 청년기업과 손잡고 '기업 전용 커머스' 출시. 〈지디넷코리아〉.
URL: https://zdnet.co.kr/view/?no=20210415150125

차지현 (2021. 12. 9).
제약업계도 '메타버스' 열풍…보수적 이미지 탈피에 '딱'. 〈비즈니스와치〉.
URL: http://news.bizwatch.co.kr/article/industry/2021/12/09/0016

카카오 (2021a).
분기보고서(27기).
URL: https://t1.kakaocdn.net/kakaocorp/admin/ir/busi ness-report/5084.pdf

카카오 (2021b).
카카오톡 스토어 판매자센터. URL: https://store-sell.kakao.com

카카오 (2021c).
공익사업 제안. URL: https://with.kakao.com/public#standard

카카오 고객센터 (2021).
주문하기 사장님센터 광고 플러스 친구. URL:https://cs.kakao.com/ helps?arti-cleId=1073191578&service=125&category=384&device=&locale=ko

카카오모빌리티 (2021).
서비스. URL: https://www.kakaomobility.com/contents/10

카카오커머스 (2021a).
서비스. URL: https://kakaocommerce.com/service/gift

카카오커머스 (2021b). 쇼핑하우 CPC 입점안내.
URL: https://shopping.biz.daum.net/join /intro/join/intro_cpc

카카오커머스 (2021c).
쇼핑하우 CPS 입점안내. URL: https://shopping.biz.daum.net/join /intro_cps

카카오커머스 (2021d).
쇼핑하우 광고전용 입점 안내. URL: https://shopping.biz.daum.net /join/intro_ad

통계청 (2021a).
소상공인시장 경기동향.
URL: https://www.index.go.kr/potal/main/EachDtl PageDetail.do?idx_cd=1199

통계청 (2021b).
소상공인현황. URL: https://index.go.kr/potal/stts/idxMain/selectPoStts IdxMainPrint.do?idx_cd=1198&board_cd=INDX_001

한국은행 (2020).
코로나19 장기화가 기업 경영에 미치는 영향. URL: https://www.bok.or.kr /portal/singl/research/view.do?nttId=10066464&menuNo=201085&pageIndex=1

한국은행 (2021).
가계의 취약부문 점검 및 시사점. URL: https://www.bok.or.kr/portal/sin gl/research/view.do?nttId=10066468&menuNo=201085&pageIndex=1

한국은행 (2021. 9. 13).
2021년 상반기중 전자지급서비스 이용현황.
URL: http://www.bok.or.kr/portal/bbs/P0000559/view.do?nttId=10066497&menu-No=200690

한국콘텐츠진흥원 (2021).
2021년 웹툰작가 실태조사 보고서.
URL: https://www.kocca.kr/cop/bbs/view/B0000147/1846267.do?menuNo=201825

한국콘텐츠진흥원 (2021).
2021 웹툰 사업체 실태조사 보고서.
URL: https://www.kocca.kr/cop/bbs/view/B0000147/1846266.do?menuNo=201825

한정화 (2013).
모바일과 SNS로 제2의 벤처붐. [전자 매체본]. 〈KDI 경제정보센터 나라경제〉, 2013년 1월호, 10-11. URL: https://eiec.kdi.re.kr/publish/naraView.do?cidx=8553.

홍영식·이덕로 (2017. 5월).
4차 산업혁명에 대비한 정부 조직 방향 연구. 한국국정관리학회 춘계학술대회. 서울: 연세대학교.

한국신용데이터 (2021).

카카오톡 주문하기. URL: https://cashnote.zendesk.com/hc/ko/a rti-cles/360055508951-카카오톡-주문하기-수수료가-궁금합니다.

한국인터넷자율정책기구 (2019).

인물정보 서비스 가이드라인. URL: https://www.kiso.or.kr /wp-content/up-loads/2021/03/2021.3.11.-인물정보-서비스-가이드라인.pdf

한국지방행정연구원 (2021).

독일 슈투트가르트의 광역연합의 현황과 의의. [전자 매체본] 〈세계지방자치동향〉, 제26호, 8-16. URL : https://www.krila.re.kr/ebook/202109/index. html#page/10

한국프랜차이즈산업협회 (2021). Go! 'K-Franchise' KFA Beyond Korea Towards the World. URL: http://www.ikfa.or.kr/data/pdf/2021_KFA_%EB%B8%8C%EB%A1%9C%EC%8A%88%EC%96%B4.pdf.

현암사법전부 (2021).

법률용어사전. 서울: 현암사.

Gibson, D. W. (2015).

The Edge becomes the center. (1st ed). 김하현 (역) (2016). 〈뜨는동네의 딜레마 젠트리피케이션 : 동네 토박이부터 개발업자, 세입자까지, 그들이 말하는 뉴욕〉. 서울: ㈜눌와.

Hackworth, J. & Smith, N. (2001).
The changing state of gentrification. Journal of Economic & Social Geography. 92(4), 464-477.

Ley, D. (1980).
liberal Ideology and the Postindustrial City. Annals of the Association of American Geog-raphers. 70(2), 238-258.

Tanaka, M. (2020).
GAFA Mirudake Note (1st ed). 이용택 (역) (2021). 〈플랫폼 제국의 성공 시나리오〉. 서울: 이너북.

Smith, N. (1979).
Gentrification and capital: Theory, practice and ideology in Society Hill. Antipode. 11, 163-173.